인권 변호사 김예원의

주머니 쏙!
인권

노란상상

차례

1

사회적 소수자,
나와 상관없는 사람들 아닐까?

저는 한쪽 눈이 없는 시각 장애인 변호사입니다. '장애인'과 '변호사'라는 두 가지 정체성 모두 제 안에 있는 것이지만, 저를 장애인으로 대하는 사람과 변호사로 대하는 사람의 태도가 사뭇 다르다는 걸 종종 느끼곤 합니다. 장애인은 대표적인 사회적 소수자로 인식되지만, 변호사는 그와는 좀 다른 이미지를 떠올리게 하는 것 같습니다. 그렇다면 저는 사회적 소수자일까요, 아닐까요?

이 질문의 답을 생각해 보려면 먼저 사회적 소수성이 무엇인지 정확히 알고 넘어가야 할 것 같아요. 사회적 소수성이란 사회 안에서 어떤 집단이나 개인이 다수와 비교하여 상대적으로 적은 권력, 기회, 자원 및 지위를 가진 상태를 말해요.

여기서 '소수少數'란 그저 단순히 수가 적다는 뜻만은 아니에요. 수만 따지면 다수와 엇비슷하더라도 사회적 소수자로 볼 수 있는 사람들이 있어요. 소수성은 장애, 인종, 성별, 성 정체성이나 성적 지향, 국적, 종교, 나이, 경제적 지위 같은 다양한 요인을 고려하기 때문이지요.

어느 해의 마지막 날 밤, 저는 영광스럽게도 서울시의 시민 대표 십여 명 중 하나로 뽑혀서 보신각에서 제야의 종을 친 적이 있습니다. 어린 시절부터 새해를 맞이할 때마다 집에서 텔레비전으로 보았던 타종 행사에 나서게 되어 무척 기분이 좋았어요. 보신각 앞에 모인 수많은 사람이 종소리에 맞춰 환호했고, 거의 모든 방송사에서 그 모습을 생중계했어요.

그때 한 방송에 제 얼굴이 클로즈업되면서 '김예원: 시각 장애를 극복한 인권 변호사'라는 자막이 나왔다고 해요. 타종 행사를 마치고 집에 돌아오다 친구에게 이런 메시지를 받았지요. "너 정말 장애를 극복한 거야? ㅎㅎ" 해당 장면을 캡처한 사진을 보면서 저도 쓴웃음이 나왔어요.

'장애를 극복하다', 장애인의 삶을 다룰 때 이런 표현을 쓰곤 하죠. 수많은 역경과 고통을 어찌어찌 이겨 내고, 지금은 그 소수성에서 벗어나 더 나은 삶을 살게 되었다고요. 장애를 극복한 삶은 감동 실화로 포장되어 언론 매체에 실리고 사람들 입에 오르내리곤 해요.

그런데 이런 이야기를 자꾸 들으면 사회적 소수성은 개인이 노력하여 극복하지 않으면 안 되는 삶의 걸림돌로 여겨지게 됩니다. 갈색 눈동자나 곱슬머리처럼 그저 하나의 특징이 아니라 극복해야만 하는 약점이라니, 삶이 무척 피곤해지는 거죠. 장애인을 비롯한 사회적 소수자들은 정말 그렇게 생각하면서 살아갈까요?

사회적 소수성은 여러 가지 요인에 영향을 받는 복잡한 문제입니다. 따라서 개인의 노력보다는 사회 구조와 제도가 어떻게 짜여 돌아가느냐를 더 주목해서 보아야 해요. 다리를 움직일 수 없는 사람이 눈앞에 있는 계단을 어떻게 '극복'해야 할까요? 휠체어에서 내려와 팔꿈치를 딛고 기어 올라가는 식으로 스스로 노력해서 이겨 내야 할까요?

그게 아니라 계단 위까지 안전하게 올라갈 수 있도록 엘리베이터를 설치하면, 다리가 불편한 사람뿐만 아니라 무거운 짐을 든 사람들까지 두루 편리하게 이용할 수 있겠죠. 저 또한 장애를 극복해야 한다는 생각도, 그럴 수 있다는 생각도 별로 하지 않아요. 그보다는 저나 다른 장애인들이 어려움 없이 살아갈 수 있도록 사회 제도가 제대로 뒷받침되기를 바랄 뿐이지요.

저는 인권을 존중받지 못한 사람들이 권리를 되찾을 수 있도록 돕는 인권 변호사로 오래 일해 왔어요. 그러면서 사회적 소수성이라는 것이 어느 특정한 몇몇 사람들에게만 해당하는 게 아님을 자주 깨닫곤 해요. 제가 장애인이면서 변호사인 것처럼, 한 사람 안에도 소수성과 다수성이 공존하고 있어요. 연 매출이 100억대에 이르는 기업 대표가 성 소수자일 수도 있고, 한국 사회에서는 주류에 속했던 사람들도 해외에 나가면 소수 인종으로서 차별당하는 일이 많아요.

예전에 어느 중학생 친구와 사회적 소수성에 관해 이야기를 나눈 적이 있어요. 경제적으로 여유롭고 다정한 부모 밑에서 자란 데다가, 공부나 운동뿐만 아니라 음악과 미술도 두루 잘하는 다재다능한 아이였어요. 심지어 깔끔한 외모로 학교에서 인기도 많은, 마치 만화에서 튀어나온 듯한 아이였지요. 이 친구에게 무심코 "너는 사회적 소수성하고는 거리가 멀구나."라고 말했더니, 억울하다는 듯 "꼭 그렇지는 않아요." 하는 거예요.

가만히 들어 보니 이 친구에게도 나름의 괴로움이 있었어요. 성씨가 희귀한 편이라 어려서부터 또래 아이들이 우스꽝스러운 별명을 지어서 놀려 댔다는 거예요. 그러니 새 학기가 될 때마다, 처음 만난 사람과 인사 나눌 때마다, 늘 긴장하고 잔뜩 움츠러든다는 고민을 털어놓았죠. 그 말을 듣고 나니 '다수에 속한 아이'로 섣불리 단정 지었던 게 미안해졌답니다.

이처럼 사람은 저마다 나름의 사회적 소수성을 가지고 있어요. 어느 누구도 완전히 주류에 속하지도, 완전히 소수에 속하지도 않기에 이 세상이 다양한 모습으로 빚어지는 것 같아요. 우리 사회가 누군가에게 소수성을 극복하라며 압박하기보다는, 있는 그대로를 존중하고 더불어 살아갈 방법을 찾았으면 좋겠어요. 그럴 때 비로소 누구나 자기다운 모습으로 맘 편히 살아갈 수 있는 세상이 오지 않을까요.

2

배려받고 양보받는 게
왜 불편해?

"사회적 약자를 배려합시다."라는 말에 "저는 그러고 싶지 않은데요."라고 대꾸하는 사람은 거의 없을 거예요. 누군가를 돕거나 보살펴 주려는 행동이 긍정적인 태도라는 것은 우리가 유치원 때부터 배우는 상식이니까요. 하지만 '약자'를 '배려'하라는 말이 정말 좋기만 한 걸까요? 특히 배려의 대상인 그 약자 처지에서 생각해 보면 말이죠. 평소와 조금 다른 관점에서 이 말의 의미를 한번 생각해 봅시다.

먼저 사회적 약자로 불리는 이들도 따져 보면 그저 약하기만 한 사람들은 아니에요. 사회적 약자로 대표되는 사람들도 강인한 마음, 큰 목소리, 삶에 대한 열정을 가지고 있어요. 다만 그들이 처한 어려운 상황들로 인해 꿈과 희망을 제대로 펼치지 못하는 경우가 많지요. 무엇보다 사회적 자원과 기회가 불공정하게 분배되어 생기는 어려움이 많으므로, 개인의 의지만으로는 이러한 상황을 개선하기가 쉽지 않아요.

제가 사회적 약자라는 말보다 사회적 소수자라는 말을 쓰려고 노력하는 이유도 여기에 있습니다. 약자라는 표현은 이런 사람들의 강한 의지를 지우고, 그저 돌보아야 할 불쌍한 개인으로 여기기 쉬우니까요.

그 뒤에 따라붙는 배려라는 단어 역시 목에 턱 걸리네요. 배려는 다른 사람의 마음을 이해하고 도와주거나 보살피려고 애쓰는 것을 말합니다. 더불어 살아가는 세상에서 배려가 필요한 경우가 참 많긴 하지요. 그렇지만 저는 배려보다 먼저 존중을 배워야 한다고 생각해요.

존중은 국어사전에 '높이어 귀중하게 대함'이라고 풀이되어 있는데요. 사람과 사람 사이의 존중이란 다른 사람을 그 자체로 인정하고 개인의 존엄성과 권리를 받아들이는 태도를 말해요. 다시 말해 배려가 좀 더 감정적인 측면에서 다른 사람을 이해하고 돕는 것이라면, 존중은 다른 사람의 인격과 인권을 차별 없이 동등하게 대우하는 것이라고 할 수 있어요.

배려와 존중, 둘 다 좋은 태도 아니냐고요? 둘 사이의 결정적인 차이는 의무라는 관점에서 바라보면 이해하기 쉬워요. '타인을 배려할 의무'라는 말은 다소 어색해도, '타인을 존중할 의무'라는 말은 자연스럽게 느껴지지요. 타인을 배려하는 사람은 착하고 좋은 사람으로 여겨지지만, 배려하지 않는다고 해서 사회적인 비난이나 불이익을 받을 가능성은 낮습니다. 그런데 타인을 존중하지 않는 태도는 보통 다른 사람의 권리를 침해하는 결과로 이어져요. 당연히 비난과 불이익도 뒤따르지요.

배려가 자칫하면 차별이 될 수 있다니!

저는 인권 침해 사건에서 타인을 존중할 의무를 저버린 사람이 도리어 "나로서는 최선을 다해 배려했다."라며 변명을 늘어놓는 모습을 자주 보아 왔습니다. 이들은 배려한다는 명목으로 가족과 친구, 동료의 삶에 지나치게 간섭하여 개인의 공간과 자유를 침해하곤 합니다. 또한 특정 인종, 장애, 성별, 성적 지향 등에 대한 의도적인 차별을 배려라는 이름으로 숨기는 경우도 많고요.

학교 현장에서 장애 아동을 '배려'하기 위해 특수 학급이나 학교로 분리하여 개별적인 교육을 하는 것이 더 낫다고 주장하는 경우가 대표적이에요. 이런 생각이 계속 이어지면 장애가 있는 사람은 계속 사회의 구성원에게서 분리되고 배제되어 동등한 권리를 누리기가 힘들어지겠지요.

마땅히 존중해야 할 권리를 배려 수준에 머물게 함으로써 해도 그만, 안 해도 그만인 상황으로 끌어내리지 않는지 잘 살펴봐야 해요. 진짜 존중은 다른 사람의 권리를 위해 내가 조금 불편해지더라도, 혹은 조금 손해를 보더라도 그 상황을 당연하다고 인식하는 데서 시작하니까요.

다소 극단적인 상황에 빗대어 보면, 노예 제도가 있던 시절에 노예로 억압받는 사람에게 친절히 대하고 일을 적게 주는 식으로 배려한다고 해서 본질적인 문제가 해결되는 것은 아니었어요. 노예 상태에 있는 사람이 동등한 인격체로서 존중받으며 자유와 권리를 보장받는 길은 오로지 노예 해방뿐이었지요. 이처럼 사회적 소수자의 권리는 마땅히 누려야 할 것으로 존중받아야 해요. 몇몇 사람이 선한 마음을 가지고 배려해야 할 무언가로 여겨서는 곤란하지요.

잘못된 배려는 자칫하면 차별이 될 수도 있어요. 어린이를 보호하고 배려하고자 사소한 일까지 대신 해 준다면, 어린이는 성장할 기회를 잃고 말아요. 여성이라서, 장애인이라서, 외국인이라서…… 배려한다는 명분을 가지고 이런저런 한계를 짓고 어떤 업무에서 배제한다면, 그런 말을 듣는 당사자는 더 나은 능력을 발전시킬 의지가 꺾이고 말겠죠. 또한 배려는 할 수도 있고 안 할 수도 있어서, 그 대상이 되는 사람에게는 마땅한 권리로 여겨지지 않게 됩니다.

이것이 바로 여러분에게 착한 마음을 가지고 사회적 약자를 불쌍히 여기며 배려하라고 말하기보다, 어떤 처지에 놓인 사람 이든 마땅히 존중받아야 한다고 생각하고 사회적 소수자들의 권리를 지키기 위해 무엇을 해야 할지 생각해 보자고 이야기하 는 이유입니다.

3

사실을 말했을 뿐인데
혐오 표현이라고?

이렇게 귀여운 유행어가 혐오 표현이라니!

　언젠가부터 'O린이'라는 표현이 유행했습니다. 특정 활동을 처음 시작하거나 배워서 아직 익숙지 않고 서툰 사람들에게 '어린이'에서 따온 꼬리표를 붙이는 것이지요. 요리가 서툰 사람은 요린이, 운동(헬스)을 처음 시작한 사람은 헬린이, 주식 거래가 처음이거나 주식 시장을 잘 모르는 사람은 주린이라고 한다더라고요. 단지 초보자를 놀리려는 표현만은 아니고, 스스로 "나는 이제 막 테니스에 입문한 테린이야."라는 식으로 겸손을 떨면서 말하기도 한답니다.

　그런데 2022년 국가 인권 위원회에서는 이것이 아동을 비하하는 표현이므로, 최소한 공공 기관의 문서와 대중 매체에서라도 사용하지 않도록 주의하라는 의견을 내놓았어요. 어린이는 서투르고 불완전한 존재라는 고정 관념에서 나온 표현이며, 그런 인식과 차별을 조장할 수 있다는 설명을 덧붙였지요.

　이 의견에 일부 사람들은 "나름 귀엽고 친숙한 표현인데 뭘 그렇게 예민하게 반응하느냐." 또는 "욕을 한 것도 아닌데 누구를 비하한다는 거냐."라며 비난을 쏟아 냈습니다. 여러분 생각은 어떤가요? 별것 아닌 말에 괜히 까다롭게 구는 느낌인가요,

아니면 정말 문제가 있다고 여기나요?

저는 '어린이'라는 표현도 혐오 표현 중 하나라고 생각해요. 혐오 표현이란 특정 집단, 종교, 인종, 성별, 국적 등에 속한 사람들을 비하하거나 공격하는 표현을 말해요. 단순한 욕설과는 조금 다르지요. 혐오 표현에는 소수자에 관한 부정적인 고정 관념을 표출하는 표현도 있고, 소수자를 멸시하거나 위협하는 표현도 있어요. 더 나아가 소수자에 대한 차별이나 폭력을 부추기는 표현도 혐오 표현으로 분류하지요.

이렇게 정의를 내리면 언뜻 잘 와닿지 않을 수도 있지만, 굳이 예시를 들지는 않겠습니다. 어떤 지역이나 나라 출신인 사람들을 함부로 싸잡아서 비하하는 말이라든지, 어떤 집단은 다 범죄자라거나 머리가 나쁘다는 식으로 몰아간다든지 하는 표현을 한번 떠올려 보세요.

혐오 표현은 말이나 글에만 있지 않습니다. 몸짓이나 복장, 음악이나 퍼포먼스 등으로 드러내기도 하죠. 이슬람교도들이 모여 지내는 것을 싫어한 사람들이 이슬람 사원을 짓는 공사 현장에 가서, 일부러 그들이 부정한 음식으로 여겨 멀리하는 돼지 머리와 족발을 차려 놓고 먹는다든지 하는 일이 바로 그런 예시입니다. 특정 나라와 민족 출신을 놀리려는 의도로 눈을 찢거나 이상한 발음을 하는 경우도 마찬가지고요.

혐오 표현이라는 말의 어감 때문에 오해도 꽤 많은 것 같아요. 혐오라는 말은 원래 누군가를 지극히 미워하는 감정을 나타내므로, 어떤 표현을 혐오 표현으로 규정하면 "나는 그들을 그렇게까지 미워하진 않아." "미워해서가 아니라 걱정해서 하는 말이야." 같은 반응을 보이며 억울해하곤 합니다.

"여자들은 집에서 살림하는 게 나아."라는 말을 혐오 표현이라고 하면, "내가 우리 엄마와 누나 같은 여성들을 얼마나 존경하는데. 그저 여성의 생물학적 특징이 경제 활동보다 육아나 가사 노동에 잘 맞는다는 거지."라며 반박하죠. 성 소수자에 대한 혐오 표현을 하는 사람들은 "나는 동성애자를 싫어하는 게 아니라 그들을 가엾이 여기고 죄를 뉘우치길 바랄 뿐이야."라는 식으로 주장하고요.

그런데 우리가 지적하는 혐오 표현은 사실 영어의 헤이트 스피치|Hate Speech라는 개념을 번역한 용어예요. 누군가를 미워하는 개인적 감정이 아니라, 사회적 소수성에 대한 편견에서 나온 말이라고 이해하는 것이 더 정확합니다. 소수성을 가진 집단을 차

별하는 의식이 반영된 표현, 그 차별을 더 강화하는 표현이 바로 혐오 표현인 것이지요.

저는 혐오 표현을 이해하기 쉽게 누군가를 사회로부터 숨어 버리고 싶게 만드는 표현이라고 바꾸어 말하곤 해요. 혐오 표현이 가진 나쁜 힘은 바로 여기에서 출발하기 때문입니다. 외국 학교에 진학한 한국 유학생이 몇 차례 "한국인은 왜 항상 마늘 냄새가 나?" 같은 짜증 섞인 말을 들었습니다. 이후 그 학생은 유학 생활 내내 혹시나 몸에서 마늘 냄새가 날까 봐 애써 한국 음식을 멀리했다고 해요.

말하는 사람은 별생각 없이 살짝 투덜거렸다고 해도, 듣는 사람의 소수성을 존중하지 않고 성급하게 일반화하며 편견을 드러내는 말은 그의 마음을 움츠러들게 하고 작은 행동도 스스로 검열하며 주저하게 만들지요.

쓰지 말라는 말이 너무 많아… 이것도 표현의 자유 아닌가?

요즘은 대놓고 하는 혐오 표현보다 은연중에 혐오를 담아 표현하는 암호화된 혐오 표현도 자주 보입니다. 예를 들어 뉴스에서 어떤 범죄 사실을 보도하면서 "가해자는 ** 출신 이주 노동자로 밝혀졌다."라고 덧붙이면, 실제 해당 범죄를 저지르는 사람의 비율은 한국인이 더 높은데도 이주 노동자의 범죄율이 높다는 편견을 갖게 하죠. 말의 맥락을 잘 생각하지 않으면 혐오 표현인지 알기 힘든 경우도 꽤 많습니다. 이런 표현은 직접적인 욕설이 아니라도 그 집단을 사회에서 소외시키고 부정적인 편견에 갇히게 하는 나쁜 힘을 갖고 있어요.

우리 사회에는 특정 소수 집단을 은연중에 공격하는 말을 반복함으로써 혐오를 조장하고 선동하는 이들이 자주 나타나요. 어떤 사람들은 단순히 지루해서, 다른 사람의 관심을 끌고 싶어서 혐오 표현을 하기도 합니다. 특히 온라인상에서 자기 신분을 드러내지 않은 채 놀이하듯이 함부로 내뱉는 혐오 표현 문제가 심각하지요. 아무 생각 없이 내뱉어진 혐오 표현은 누군가의 마음속에 콕 들어박혀 깊은 상처를 주기도 하고, 사회의 구조적인 차별을 더욱 강화하기도 해요.

대한민국은 자유로운 민주주의 국가이므로 누구나 하고 싶은 말을 하면서 사는 게 당연하다고 여길 수 있어요. 이를 근거로 혐오 표현도 표현의 자유로서 보호해야 한다고 주장하는 이들이 있습니다. 저는 그들에게 한 가지 질문을 던지고 싶어요. "우리가 누리는 자유도 모두 어느 정도 지켜야 할 선이 있다는 걸 아시죠?"라고 말이지요.

남의 물건이 탐난다고 해서 자유롭게 몸을 움직여 그 물건을 몰래 챙길 자유 같은 건 없습니다. 모든 권리에는 책임이 따르고, 그 책임을 넘어설 때는 권리로 보장받을 수 없어요. 자유에 적정한 선이 없으면 오히려 건강한 민주주의를 유지하는 데 큰 해악이 되기 때문이죠.

요즘은 온라인상에서 자기 생각을 적극적으로 표현하는 일이 일상이 되었어요. 그럴수록 더욱 다양한 곳에서 은밀하고 교묘하게 혐오 표현이 생산되어 퍼져 나가요. 우리 모두 매서운 눈과 활짝 열린 귀로 곳곳에 숨은 혐오 표현을 찾아봅시다. 나를 공격하는 말이 아니더라도, "누군가는 저 말을 듣고 사회로부터 숨어 들어갈 텐데."라는 공감만 있다면 얼마든지 해낼 수 있을 거예요.

4

모든 사람이 인권을
갖지 못했던 때가 있었다고?

사람이라면 누구나 동등하게 가지는 권리를 인권이라고 하죠. 그렇다면 사람은 언제부터 인권을 갖게 될까요? 누군가는 엄마 뱃속에서 무럭무럭 자라는 태아에게도 인권이 있다고 하고, 또 누군가는 세상 밖으로 나와 "응애!" 하고 울며 스스로 숨쉴 수 있을 때부터 인권이 인정된다고 말해요.

보는 관점에 따라 다를 수는 있겠지만 어쨌거나 인권은 사람이 존재하기 시작한 때로부터 자연히 주어지는 것입니다. 그래서 인권을 자연권이라고도 하지요. 성별이나 인종, 나라와 문화, 생김새와 언어에 상관없이 모든 사람에게는 인권이 있어요.

오늘날 우리에게는 아주 당연하게 느껴지는 자연권 사상이 인류 사회에 자리 잡은 것은 사실 그리 오래되지 않았어요. 사람들은 공동체를 이루고, 부족이 뭉쳐 나라를 세우고, 여러 국가가 끊임없이 생겼다 없어졌다 하면서 문명사회를 만들었지요. 하지만 문명사회가 수천 년에 걸쳐 이어지는 동안에도 개개인의 자유와 권리가 존중되기보다는, 소수의 지배층이 마음대로 권력을 휘두르며 보통 사람의 인권을 제한하는 정치 제도가 더 큰 힘을 발휘했답니다.

그러는 가운데 모든 사람이 존엄하며 모든 사람의 기본권이 존중받아야 한다는 생각이 서서히 싹텄지만, 제도로서 확실히 뒷받침된 것은 겨우 100~200년 전의 일입니다. 인권은 모든 사람이 태어나면서부터 누리는 권리, 법이나 국가가 정해 준 권리가 아니라 당연하게 존재하는 권리라는 생각이 자리 잡는 데 이토록 오랜 시간이 걸렸네요.

그렇다면 국가 없이도 인권이 잘 보장될 수 있을까요? 그건 좀 어려운 일입니다. 국가가 적극적으로 사람들의 인권을 보장하지 않으면, 인권을 침해당할 때 억울함을 풀 방법이 거의 없기 때문이에요.

사람을 죽이거나 다치게 하지 말 것, 남의 물건을 훔치지 말 것, 누구나 필요한 교육을 받도록 할 것, 사람에게 일을 시키면 정당한 대가를 줄 것, 가난하거나 아프거나 힘든 상황에 놓인 사람은 사회에서 적극적으로 도와줄 것……. 이렇게 수많은 사람이 더불어 잘 살아가기 위해 법으로 정해 놓은 것들을 잘 지키려면 국가의 역할이 중요해요.

특히 민주주의 국가에서는 구성원들이 대표를 뽑아 자신들의 권력을 위임하며, 이 대표들이 국가 기관을 나누어 맡아서 사람들이 법을 잘 지키는지 살피고 관리할 책임을 집니다. 법을 무시하고 다른 구성원에게 피해를 주는 사람이 있다면 국가가 나서서 처벌하지요.

국민의 인권을 보호해야 할 국가가 인권을 침해한다면?

이처럼 인권을 국가와 따로 떨어뜨려 볼 수는 없습니다. 그렇다고 해서 국가가 인권보다 앞선다는 말은 아니에요. 자칫 국가의 힘이 지나치면 국민의 권리를 침해할 수 있으므로, 민주주의 국가에서는 삼권 분립이라고 해서 입법부와 행정부와 사법부라는 세 기관에 힘을 분산시켜요. 만약에 국가가 국민의 인권을 보장할 본래 임무를 저버리고, 오히려 구성원을 괴롭히고 억압한다면 그 국가가 계속 존재해서는 안 되겠죠.

대한민국 헌법 제2장에서는 국민의 권리와 의무에 관해 이야기해요. 그 첫 조문인 제10조의 내용은 다음과 같습니다. "모든 국민은 인간으로서의 존엄과 가치를 가지며, 행복을 추구할 권리를 가진다. 국가는 개인이 가지는 불가침의 기본적 인권을 확인하고 이를 보장할 의무를 진다." 저는 이 조문에 반해서 고등학생 때 틈틈이 혼자서 헌법을 읽곤 했답니다.

그다음 제11조는 평등권을 이야기합니다. "모든 국민은 법 앞에 평등하다. 누구든지 성별·종교 또는 사회적 신분에 의하여 정치적·경제적·사회적·문화적 생활의 모든 영역에 있어서 차별을 받지 아니한다."라고 되어 있어요.

제2장의 막바지로 가서 제37조에는 "국민의 자유와 권리는 헌법에 열거되지 아니한 이유로 경시되지 아니한다. 국민의 모든 자유와 권리는 국가 안전 보장·질서 유지 또는 공공복리를 위하여 필요한 경우에 한하여 법률로써 제한할 수 있으며, 제한하는 경우에도 자유와 권리의 본질적인 내용을 침해할 수 없다."라고 나옵니다.

간단히 정리해 보면 이렇습니다. 사람이라면 누구나 누리는 인권은 국가의 보호를 받아야 더 잘 실현될 수 있습니다. 하지만 국가가 인권보다 우선이 될 수는 없고, 개인의 인권을 지나치게 침해해서도 안 된다는 것이죠.

오늘날에는 개별 국가보다 더 넓은 차원에서 인권을 보호하기도 해요. 유엔United Nations, 즉 국제 연합이 그 역할을 맡고 있어요. 20세기 초에 두 차례의 세계 대전을 거치면서 세계 평화와 인권 보장을 위해 여러 나라가 힘을 합치자고 뜻을 모았지요. 1945년에 설립된 유엔에는 한국을 포함해 193개 나라가 가입해 있습니다.

유엔은 여러 국가가 인권을 침해하는지 나라별로 감시하고, 인권 침해 상황이 생기면 여러 나라가 함께 이를 비판하며 개선하라고 권고합니다. 예를 들어 주민의 권리가 지나치게 제한된 북한에는 인권 결의안을 채택하여 압박하고, 전쟁을 일으킨 러시아는 인권 이사회에서 쫓겨나기도 했어요. 한국 또한 유엔으로부터 차별 금지법을 제정하라거나 사형제를 완전히 폐지하라는 권고를 받고 있답니다.

인권은 모두 연결되어 있다!

유엔과 세계 평화까지 이야기하다 보니, 인권은 어린이·청소년 여러분의 삶과 좀 거리가 있는 것처럼 느껴지나요? 하지만 여러분 한 사람 한 사람의 인권이 잘 지켜지는 것은 세계 평화를 위해서도 중요해요. 그게 무슨 말이냐고요?

중학생인 내가 원하는 머리 스타일을 하고 학교에 다닐 수 있는 것은 사소한 일처럼 보여도 그 의미를 찬찬히 따져 보면 전혀 사소하지 않아요. 인권은 서로 연결되어 있기 때문입니다. 머리를 귀밑 몇 센티미터까지 짧게 깎고 다니라는 학교 규칙은 일제 강점기에 시작되어 독재 정권을 거치며 2000년대 초반까지도 많은 학교에 남아 있었어요. 하지만 민주화와 함께 학생 인권에 대한 목소리가 높아지면서 점점 이런 규칙이 사라져 갔지요.

마찬가지로 장애인의 인권, 이주 노동자의 인권, 어린이·청소년이나 교사의 인권이 따로따로 보호받거나, 어느 한쪽의 인권이 보장된다고 해서 다른 한쪽의 인권이 침해당하는 것은 아닙니다.

마치 매일 숨 쉬는 공기처럼 자연스럽게 느껴지는 인권이 어떻게 해서 보장받게 되었는지, 헌법에서 보장하는 인권에 대한 내용이 우리의 삶에 어떤 영향을 미치고 있는지 한 번쯤 생각해 보면 좋겠습니다. 만약에 지금 여러분의 삶에서 여전히 인권을 보호받지 못한다고 생각되는 부분이 있다면, 그 권리를 얻어 내기 위해 무엇을 바꾸고 어떻게 노력해야 할까요?

5

집회나 시위는
이기적인 집단행동 아닌가?

몇 해 전부터 '전국 장애인 차별 철폐 연대'라는 장애인 인권 단체가 이동권을 보장해 달라고 요구하는 지하철 승하차 시위를 이어 가고 있어요. 휠체어를 탄 장애인들 열 명 정도가 연달아 지하철에 오르고 내리면서 이동권을 보장해 달라는 피켓을 들고 시위를 했는데요.

그런데 여러 매체와 온라인 커뮤니티 등을 통해 불만이 터져 나왔습니다. 다들 바쁘고 정신없고 늘 만원인 아침 출근 시간 지하철에서 꼭 시위를 해야 하느냐는 거지요. 출퇴근 시간에 지하철을 이용하는 평범한 시민들에게 피해를 준다는 논리가 힘을 얻고, 이 단체에 대한 거센 비난이 쏟아졌어요.

여론에 힘입어 시위는 통제되기 시작했어요. 지하철 스크린 도어를 완전히 가로막은 채 이쪽 끝에서 저쪽 끝까지 경찰들이 쭉 늘어서서 바리케이드를 쳤고, 역 자체를 폐쇄한다는 공고가 나붙었어요. 여러분의 생각은 어떤가요? 장애인들의 요구도 이해는 되지만, 꼭 그렇게 남들에게 불편을 주면서까지 해야 하느냐는 생각이 드나요?

집회와 시위는 사람이 살아가는 사회에서 꼭 필요한 활동이에요. 정부나 기관의 정책에 어떤 문제가 있어서 당장 내 인권이 침해당하고 있는데, 방에서 혼자 생각하거나 가까운 사람에게만 투덜거려 보아야 소용이 없겠죠. 같은 생각을 품은 사람들이 최대한 많이 모여 한목소리로 의견을 표현해야, 어떤 제도에 어떤 문제가 있는지 더 많은 사람에게 알려지면서 여론이 형성되고 잘못된 부분을 고쳐 나갈 수 있습니다. 또한 집회와 시위는 다양한 의견과 관점을 나누는 통로 역할을 하여 다양성이 존중되는 사회의 밑바탕이 되기도 하죠.

무엇보다 집회와 시위가 중요한 이유는 사회를 변화시킨다는 데 있어요. 역사를 돌아보면 시민의 권리, 여성의 권리, 노동자의 권리가 보장받게 된 중요한 사회 변화는 바로 집회와 시위를 통해 이루어졌습니다. 권력자가 스스로 그 권력을 나누어 주는 일은 거의 없습니다. 그 권력에 의해 억압당하거나 인권을 침해받은 사람들이 모여서 끊임없이 여러 가지 방법으로 목소리를 낼 때 비로소 권력이 나누어지는 거지요.

오늘날의 집회와 시위는 미디어와 어우러져 더 큰 파급력을 갖기도 해요. 전통 미디어에 해당하는 신문과 방송뿐만 아니라 개개인의 소셜 미디어를 활용한 라이브 방송, 해시태그 운동 같은 다양한 방식으로 여러 사람의 목소리를 모을 수 있죠.

집회와 시위의 중요성을 잘 알아도, 꼭 폭력적이고 시끄러운 방식으로, 다른 사람들을 방해하면서까지 해야 하느냐고 되물을 수도 있겠습니다. 물론 평화로운 집회와 시위는 여러 장점이 있겠죠. 다양한 사람들의 지지를 얻을 수 있고, 미디어에서도 더 긍정적으로 보도하고요.

실제로 한국에서는 일제 강점기인 1919년에 3·1운동이라는 비폭력 평화 운동이 일어났어요. 전국적으로 만세 시위가 벌어졌고 수백만 명이 참가했다고 기록되어 있습니다. 비록 일제의 무력 진압으로 수많은 사상자가 있었지만, 한국 독립 운동사에 중요한 사건으로 남아 오늘날에도 3월 1일을 국경일로 기리고 있어요.

세계사적으로 중요한 의미를 갖는 인도의 평화 시위도 있어요. 마하트마 간디가 주도한 비폭력 불복종 운동입니다. 이 운동은 인도가 영국으로부터 독립하는 데에 큰 역할을 했어요. 이렇게 종종 평화로운 방법으로 제도나 정책이 변화되며 민주주의가 탄탄해지는 경험을 하기도 해요.

그런가 하면 시끄럽고 과격한 집회와 시위도 있어요. 미국이 250년 전 영국으로부터 독립운동을 벌일 때 폭력적인 시위와 충돌이 있었지만, 이를 통해 독립을 이룰 수 있었어요. 프랑스 혁명은 또 어떤가요. 분노한 군중이 궁전에 쳐들어가 귀족을 공격하고 왕과 왕비를 단두대에 세워 공개 처형했어요. 프랑스는 이 사건을 계기로 왕을 없애고 공화정, 즉 국민이 선출한 대표자가 나라를 다스리는 정치 제도로 점차 바뀌어 갑니다. 유럽 역사를 바꾼 크나큰 사건이었죠. 20세기 초에 영국에서 벌어진 여성들의 참정권 운동도 돌을 던지고 상점의 유리창을 깨는 등 상당히 폭력적으로 이루어졌습니다.

1995년 영국에서는 장애인들이 이동권을 얻기 위해 시위를 벌였어요. 이들은 장애인이 탈 수 없게 설계된 버스와 자신을 수갑으로 연결해 움직이지 못하게 하고, 버스 위로 올라가 운행을 막았지요. 이를 계기로 영국에서는 장애인 차별 금지법이 만들어졌고, 장애인도 편하게 버스를 이용할 수 있도록 사회가 변화했답니다.

　권력자가 헌법과 법률을 위반했으니 이제 그만 물러나라는 시위, 국민의 권한을 위임받은 국가 기관이 오히려 권한을 남용하여 국민을 힘들게 하고 있으니 해산하라는 시위 등 꽤나 무거운 주제의 시위가 열릴 때도 있습니다. 장애인이나 범죄 피해자, 부당한 취급을 받는 노동자를 위하여 법과 제도를 개선하라는 시위도 끊이지 않고요.

　그런데 최근 집회와 시위의 양상을 보면 시대의 흐름에 따라 새롭게 변하는 모습이 보입니다. 평소 좋아하는 가수의 팬클럽 응원봉이나 장난감 요술봉을 들고나오기도 하고, 재치 있는 문구를 새긴 깃발을 흔들기도 합니다. 핫팩이나 생수 같은 필수품을 나누어 주는 시위 참가자도 많아졌어요.

　민중가요나 노동요만 장엄하게 울려 퍼지던 예전 시위장과는 달리 인기 있는 케이팝이 들려오기도 합니다. 사람들은 신나는 음악에 맞춰 응원봉과 요술봉을 흔들며 다 같이 춤을 추고요. 달라진 시위 문화로 사회에서 소외된 이들의 목소리가 더욱 다채롭게 전달되는 것 같습니다. 문턱이 낮아지니 어린이와 청소년을 포함해 누구나 시위의 주인공이 되어 자유롭게 광장에서 자기 생각을 밝히는 모습도 인상적입니다.

　집회와 시위의 합법적인 경계에 대해서 의견이 분분하기 때문에, 한국에서는 법과 판례로 그 해석의 기준을 두고 있어요. 그럼에도 집회와 시위의 의미가 어렵다는 사람들에게 저는 쉬운 말로 약속을 지키라는 항의라고 설명해요. 약속을 어긴 행위나 법을 지키지 않은 행위, 책임과 의무를 잊은 행위의 잘못을 따지고, 다시 제대로 지켜질 수 있도록 압박하는 일이기 때문이죠.

　앞으로 집회와 시위를 마주할 때 '내가 저 입장이라면 어떻게 대응했을까?'라거나 '그렇게 해도 바뀌지 않는다면 무엇을 더 할 수 있을까?'라는 물음을 던져 보면 어떨까요? 그 질문들을 통해 우리는 사회를 변화시키는 다양한 집회와 시위를 조금 더 따뜻하게 바라볼 수 있겠습니다.

6

장애인끼리 모여 살고
따로 교육받으면 더 편하지 않을까?

장애인을 위한 전문 거주 시설과 교육 기관의 불편한 진실

사법 시험에 합격한 사람들과 함께 장애인 거주 시설에 봉사 활동을 하러 간 적이 있어요. 시설에서는 앞으로 국가를 위해 열심히 일할 사람들을 맞이한다며 구석구석 청소도 신경 써서 해 놓고, 사무실 옆 안내판과 각 층 복도도 알록달록 꾸며 놓았죠. 우리는 먼저 원장과 사무국장의 안내를 받으며 시설을 둘러보았습니다.

그중 한 사람이 유독 감동에 젖어 이곳저곳 적극적으로 들여다보며 감탄을 쏟아 냈어요. "우아, 노래방 기계도 있네요!" "물리 치료실도 갖춰져 있어요!" 하면서요. 그러다 시설 사람들이 소풍 다녀온 사진을 들여다보며 이렇게 말했습니다. "시설이 이렇게 좋은데 대체 왜 없애자고 하는 거예요?"

그 말을 듣던 저는 픽 웃으면서 "맘에 드시면 여기서 일주일만 살아 보실래요?" 하고 물었습니다. 특별한 의도 없이 튀어나온 말이었는데, 막상 그 사람은 얼떨떨한 표정으로 "아, 그건 좀……" 하면서 말끝을 흐리더라고요. 구경하는 입장과 살아가는 입장이 이렇게 다르다는 걸 새삼 느꼈지요.

장애인 거주 시설은 장애인들이 모여 사는 공동생활 시설이에요. 한국의 장애인 거주 시설에는 약 3만 명 정도가 살고 있어요. 시설에서는 생활 지도원 같은 여러 직업인들이 장애인의 일상생활을 돕고 약을 챙겨 주는 등 의료 지원도 합니다. 장애인들이 살아가는 데 불편함이 없도록 화장실이나 여러 편의 시설도 잘 갖추어져 있지요.

한편 장애 학생들이 다니는 특수 학교도 있어요. 시각 장애, 청각 장애 학생이나 지적 장애, 발달 장애 학생을 위해 각각 전문화된 특수 학교도 있고, 여러 장애 유형의 학생들을 아우르는 종합형 특수 학교도 있지요. 특수 학교는 장애에 대한 이해가 깊은 특수 교사와 여러 직업인들이 있어서, 장애 학생의 개별적인 학습 요구에 맞는 수업과 생활 지도가 가능해요.

이렇게 정리하면 언뜻 장애인에게 특별한 거주 시설과 교육을 제공하는 것이야말로 가장 좋은 복지 정책처럼 보이지 않나요? 그런데 이것이 정말 장애인을 위하는 최고의 방법일까요? 장애인도 비장애인도 이 사회의 구성원으로서 함께 어우러져 살아가는 존재들인데 말입니다. 장애인을 분리하여 따로 살게 하고 따로 교육하는 사회에서는 어떤 어려움이 생길까요?

사람은 크고 작은 관계를 경험하며 성장해요. 장애인과 비장애인이 만나지 않고 마주칠 기회도 없다면, 비장애인 중심의 사회에서 장애인이 다양한 사회적 상황을 마주할 때 그에 알맞은 대응력을 길러 나가기가 몹시 어렵습니다. 그러다 결국 스스로 독립해 살아갈 능력과 의지마저 잃고 말아요.

또한 다른 사람이 이끄는 방향대로 살아가는 것에 익숙해지면 자기만의 취향과 관심사, 꿈이나 소망은 그냥 마음속 저 밑바닥에 꾹꾹 밀어 두고 열어 보지 않게 되겠죠. 비장애인 또한 장애인과 함께 살아가는 데 익숙해지지 않으면, 막연한 거리감과 두려움을 느끼거나 심지어 적극적인 차별 행위를 가하기도 하고요.

한 발 더 깊숙이 들어가 보면 조금 더 어두운 현실이 드러나요. 장애 학생과 비장애 학생이 한 공간에서 함께 공부하는 것을 통합 교육이라고 하는데, 실제 장애 학생 가운데 통합 교육을 받는 사람은 일부에 불과합니다. 대체로 기능이 좋고 장애 정도가 심하지 않죠.

그보다 기능이 좋지 않거나 부적응 행동을 하는 장애 학생은 일반 학교 안에서도 특수 학급으로 분리돼요. 장애가 조금 더 심하다 싶으면 특수 학교에 가라는 압박을 받기도 하고요. 장애가 심한 경우라면 '홈스쿨링'이라는 말로 포장된 가정 내 격리를 강요당하기도 해요.

장애인 거주 시설은 어떠할까요? 얼핏 봐도 더 복잡한 모양새예요. 장애인 권리를 옹호하는 단체에서는 '좋은 시설은 없다!'라며 장애인 거주 시설을 없애고 지역 사회에서 자유롭게 살 수 있게 하자는 탈시설 운동을 활발히 펼치고 있어요. 하지만 장애인 가족들과 시설 협회에서는 '시설은 지옥이 아니다!'라며 탈시설 운동에 맞서고 있습니다.

거주 시설에서 살아가는 장애인의 삶을 나라에서 정기적으로 조사하여 발표하는 '중증 정신 장애 시설 생활인 실태 조사' 보고서를 살펴보면, 불편한 진실이 그대로 드러납니다. 조사에 참여한 장애인 가운데 스스로 원해서 시설에 들어간 사람의 수는 매우 적고, 대부분 가족이나 다른 사람의 뜻에 따랐다고 합니다. 이들이 한번 시설에 들어가면 평균 20년 정도를 그곳에서 생활해요. 그러니 다시 사회로 나갈 수 있다는 생각을 전혀 하지 못하고, 자립을 포기한 채 살아가는 경우가 적지 않다고 하죠.

현실적인 한계도 생각해야 하지 않을까?

　장애 학생과 비장애 학생이 함께 공부하고, 중증 장애인과 비장애인이 지역 사회에서 함께 살아가는 것이 정말 가능하냐고요? 분리하고 격리하면 서로 편한데 왜 자꾸 통합을 이야기하느냐고요? 장애인도 똑같은 욕구를 가진 사람이라서 그렇습니다. 나만의 공간에서 자유롭게 살아가고, 태어나고 자란 곳에서 가족과 함께 지내고, 대도시나 농촌 등 원하는 곳을 선택하여 살고 싶은 욕구가 있으니까요.

　거주와 이전의 자유는 인간으로서 마땅히 누려야 할 권리 가운데 하나며 헌법에도 명시되어 있습니다. 2006년 유엔 장애인 권리 협약에서도 어떤 이유로도 시설 수용은 정당화할 수 없다는 견해를 밝혔고요.

　통합은 이상일 뿐, 현실적으로 모두가 불편을 견디게 할 순 없다며 고개를 내젓는 사람들도 있겠죠. 하지만 놀랍게도 사회

제도와 자원을 잘 활용한다면 충분히 가능해요. 장애 학생과 비장애 학생이 서로 이해하며 생활할 수 있도록 돕는 인력을 더 많이 학교에 배치하면 됩니다. 또한 장애인 혼자서도 잘 살아갈 수 있도록 옆에서 소소하게 챙기고 돕는 활동 지원사 제도에도 예산을 더 많이 쓰면 되고요. 그만큼 사회적 노력과 비용은 늘어나겠지만, 언제까지 눈앞의 효율성만 따질 수는 없겠죠. 한 사람 한 사람의 인생에 관한 문제니까요.

장애인을 학교와 지역에서 멀어지게 하는 가장 큰 원인은 '그게 어떻게 가능해?'라는 상상력의 부족입니다. 장애인과 비장애인이 함께 어우러져 살아가면서 자연스럽게 안부를 주고받는 세상을 더 생생하게 그려 보면 어떨까요.

7

쓰는 사람도 적은 점자를
꼭 표기해야 해?

변호사로 처음 일을 시작한 신입 시절부터 지금까지 꼭 지켜 온 원칙이 있습니다. 바로 점자 명함을 쓰는 거예요. 일하는 곳과 이름, 연락처를 점자로 박아 넣어서, 시각 장애인이든 아니든 누구에게나 똑같은 명함을 건네지요. 제 명함을 받은 분들은 이렇게 말하곤 합니다. "오, 점자 명함은 처음 봐요!"

시각 장애인이 활용하는 점자는 작은 돌기로 이루어진 문자예요. 6개의 크고 작은 점을 다양하게 조합하여 낱자와 부호를 나타내고, 손가락 끝으로 스르르 훑어서 촉각으로 읽을 수 있죠. 서양에서는 점자를 처음 만든 프랑스인 루이 브라유의 이름을 따서 브라유Braille라고 해요. 한글 점자는 일제 강점기에 제생원 맹아부 교사였던 박두성 선생이 비밀리에 만들어 널리 퍼뜨리면서 시각 장애인의 교육에 큰 도움을 주었습니다.

한국에 시각 장애인은 25만 명 정도 있어요. 흔히 시각 장애인이라고 하면 앞을 전혀 보지 못하는 '전맹' 시각 장애인을 떠올리는데, 그렇지 않은 경우도 많아요. 한쪽 눈이 보이지 않는 부분 시력 상실, 시력이 매우 낮아서 일상생활이 불편한 저시력, 또는 백내장·녹내장 같은 질병으로 시력이 손상된 사람도 있지요. 그런데 시각 장애가 있다고 모두 점자를 읽고 활용할 수 있는 건 아니에요. 점자를 읽을 수 있거나 배우고 있는 시각 장애인은 전체의 10%도 채 되지 않는다고 해요.

그러면 점자를 쓰는 사람이 적으니 없어도 그만일까요? 제가 쓰는 점자 명함도 괜한 낭비일까요? 2023년 12월에는 서울 점자 도서관이 이용률이 낮다는 이유로 문을 닫았어요. 경제적 논리에만 치중하다 보면 이런 일이 생기곤 하죠. 점자 도서관에 좋은 점자 콘텐츠를 더 많이 확보하고, 점자 교육도 더 적극적으로 해서 사용자를 늘리고, 찾아가기 쉽도록 교통수단도 마련하여 이용률을 높였다면 어땠을까요?

점자 사용자가 적은 이유는 어렵사리 노력해서 점자를 배워 보아야 쓸 만한 곳이 적다는 이유가 커요. 애초에 점자를 표기한 곳이 많지 않으니 배우려는 의지가 줄어들고, 점자 사용자가 통 늘어나지 않으니 점자를 표기하는 곳도 늘지 않지요. 그야말로 악순환입니다. 이 악순환을 선순환으로 바꾸어 놓으려면 어떤 부분을 신경 써야 할까요?

여러분이 편의점에 가서 음료수를 고른다고 해 봅시다. 주스, 탄산음료, 우유 등 종류도 여러 가지고 제조사에 따라 맛도 천차만별이니, 병에 적힌 상표를 보면서 원하는 음료수를 고르겠지요. 그렇다면 시각 장애인은 어떻게 음료수를 구별해서 원하는 걸 고를 수 있을까요?

한국에서 제조되는 모든 캔 음료에는 점자를 표기하게 되어 있어요. 캔 음료 위아래를 살펴보면 반드시 점자를 찾을 수 있을 거예요. 참 다행인 것 같죠? 그런데 여기에도 숨은 문제가 있어요. 여기 찍힌 점자는 '음료', '탄산', '맥주', 이렇게 셋 중 하나를 나타내는 정도로 단순하다는 거예요. 그러니까 콜라를 살지, 사이다를 살지, 환타를 살지 고르는 간단한 일조차도 누군가의 도움이 필요하다는 뜻이죠.

200여 종의 음료를 조사해 보니 점자 표시가 된 제품은 절반도 되지 않았다고 해요. 전체 우유 제품 중에서는 겨우 2.5%만 점자가 표시되어 있는데, 그마저도 그냥 '우유'라고만 적혀 있어서 원하는 것을 고를 수 없고요. 저지방, 고칼슘 같은 다양한 우유가 진열되어 있어도 시각 장애인 스스로는 알 길이 없습니다. 유통 기한이나 알레르기 유발 물질 같은 중요한 정보는 아예 표기되지 않았죠.

그저 꿀꺽꿀꺽 마시면 금세 사라지는 음료수 가지고 장애인의 권리를 이야기하는 게 너무 사소해 보이나요? 아무리 사소한 일이라도 매번 다른 사람의 도움을 받아야 한다고 생각해 봅시다. 세상 밖으로 나오는 것이 민폐처럼 느껴져서 자꾸만 집에 머무르게 되고, 다양한 사람들과 만나 교류하거나 새로운 인생을 위해 도전하는 시도 같은 건 꿈도 꾸지 못할 수도 있어요. 누구나 독립적이고 자기 주도적인 삶을 살아갈 수 있도록 환경을 마련하는 것은 아주 사소한 일부터 시작한답니다.

다행히 오늘날 사회는 느리지만 조금씩 더 나은 방향으로 변하고 있어요. 식품 의약품 안전처에서는 2022년에 처음 마련한 '식품의 점자 표시 등에 대한 가이드라인'을 2024년에 개정해서 발표했는데요. 점자를 표시할 때 제품 이름을 기본으로 하면서 다른 정보도 담도록 했습니다. 또한 음성이나 수어 영상으로 변환할 수 있는 QR코드를 포장에 인쇄하도록 해서 점자를 모르는 사람도 확인할 수 있고, 코드를 찍으면 제품의 이름뿐 아니라 소비 기한, 용량, 알레르기 유발 물질 등 다양한 정보를 얻을 수 있도록 했지요.

　점자 표시는 의약품, 생리대나 세제 같은 생활용품, 신용 카드 등 다양한 영역으로 확대되고 있어요. 하지만 아직 의무적으로 표시하는 품목은 적고 대부분 권장 사항에 그쳐, 여전히 점자 표시가 된 제품이 다양하지 않습니다. 같은 제품도 제조 회사의 의지에 따라 점자 표시가 된 것도 있고 아닌 것도 있으며, 일회성 이벤트로만 점자 표시 상품을 내놓고 마는 경우도 있고요.

　한번은 지인에게 외국 회사의 화장품을 선물 받은 적이 있습니다. 울퉁불퉁한 촉감이 느껴져 뒷면을 보니 점자가 빼곡하게 새겨져 있었죠. 어떤 고객도 소외시키지 않겠다는 의지가 느껴져 이 회사를 더욱 응원하는 마음이 생겼어요.

　여러분도 눈과 귀를 열어 주변에서 비슷한 사례를 찾아 칭찬하는 일부터 시작하면 어떨까요. 장애인 스스로 혼자서 할 수 있는 일들이 더 많아지는 사회가 성큼 다가올 수 있도록 말이죠.

8

편리할수록 더 불편해지는
사람들이 있다고?

마땅히 누릴 권리 vs 배려받아야 할 영역

종종 '배려가 계속되면 권리인 줄 안다.'라는 문장을 만나곤 해요. 어느 음식점에서 서비스로 공짜 음료수를 제공하는데 식당 이용자가 지나치게 여러 개를 달라고 하는 경우처럼, 누군가에게 애써 친절을 베풀었는데 그게 당연히 누릴 권리인 양 무리하게 요구하는 사람을 비판하며 하는 말이지요.

그런데 일상생활에서 맞닥뜨리는 여러 가지 상황에도 과연 이 문장을 그대로 적용할 수 있을까요? 어떤 상황을 두고 과연 그것이 그 사람이 마땅히 누려야 할 권리인지, 또는 내가 애써 배려해야 할 영역인지 여러분은 잘 구분할 수 있나요?

사람들이 부딪치는 상황에 적용해 보면 좀 더 실감 나게 생각해 볼 수 있겠습니다. 엘리베이터를 이용할 때 휠체어 이용자에게 먼저 들어가라고 배려할 수는 있지만, 그 장애인이 소리 높여 "내가 먼저 엘리베이터를 타야겠습니다."라고 권리를 주장하면 불편하게 여기는 사람들이 있어요. 장애가 벼슬이냐며 비꼬기도 하고요.

버스나 지하철 임산부석도 마찬가지입니다. 임산부를 위한 자리라고 생각해서 비워 두는 사람도 있지만, 당장 앉을 자리가 부족하면 언제 탈지 모르는 임산부를 위해 비워 두기보다는 일단 앉아서 가다가 임산부가 탈 때 양보해 주면 된다는 사람도 있습니다. 하지만 나중에 탄 임산부에게 자리를 양보하는 것은 먼저 앉은 사람의 배려일 뿐이고, 임산부가 자리를 비켜 달라고 요구하면 무례하다고 여기기도 해요.

어떤 생각이 맞는지 헷갈리거나 의견이 나뉠 때 기준을 제시하는 것이 바로 법률이에요. 대한민국은 '장애인 차별 금지 및 권리 구제 등에 관한 법률', 줄여서 장애인 차별 금지법이 있어요. 이 법률에서는 무엇이 장애인을 차별하는 행위인지 분명하게 정해 두고 있습니다. 특히 "정당한 사유 없이 장애인에 대하여 정당한 편의 제공을 거부"하는 경우를 차별로 보아 금지합니다.

여기서 말하는 정당한 편의가 무엇이냐고요? 장애인 차별 금지법에는 "장애인이 장애가 없는 사람과 동등하게 같은 활동에 참여할 수 있도록 장애인의 성별, 장애의 유형 및 정도, 특성 등을 고려한 편의시설·설비·도구·서비스 등 인적·물적 제반 수단과 조치를 말한다."라고 나와 있어요. 좀 더 간단히 설명하면, 장애인이 비장애인과 똑같은 생활을 누리기 위해 필요한 물건이나 서비스 등의 모든 것이라고 말할 수 있겠습니다.

시각 장애인을 위한 점자 표기나 청각 장애인을 위한 문자 제공 서비스, 장애인용 화장실이나 경사로, 엘리베이터 같은 것들이 정당한 편의에 해당해요. 있으면 고맙고 없어도 어쩔 수 없는 것, 배려해 줘도 되고 아니어도 어쩔 수 없는 것이 아니라, 마땅히 지켜야 할 의무 사항이지요.

권리와 배려의 차이는 바로 이런 것입니다. 법에서 보장하면 더 이상 몇몇 사람의 선의에서 우러나온 배려에 머물지 않고, 당사자가 당당히 요구할 수 있는 권리가 됩니다. 법률에 따라 지하철역에 장애인용 엘리베이터가 만들어졌으니, 장애인이 먼저 엘리베이터에 타는 것은 배려가 아닌 이들의 마땅한 권리인 것이죠.

여성들이 원하는 곳에서 일할 수 있도록 성별에 따른 고용 차별을 없애고, 은퇴한 노인이 의료 서비스나 생활 보장 제도 같은 복지 혜택을 제공받는 것이 예전에는 배려 차원에 머물렀다면 이제는 법률에 명시된 권리가 된 것처럼 말이에요.

한번 확보한 권리만 잘 지키면 되는가 하면 그렇지도 않아요. 오늘날 우리 사회는 기술 발달과 함께 아주 빠른 속도로 변해 가고, 여러 가지 새로운 편의를 누리게 되었어요. 그런데 이 편의가 모두에게 똑같이 적용되지 못하는 경우도 많아요. 키오스크 주문이나 온라인 예약이 대표적인 예입니다.

얼마 전에 저는 어느 지역의 기차역에 도착한 뒤 택시를 타려고 정류장의 긴 줄 끝에 섰는데요. 저보다 뒤에 나온 사람이 줄도 서지 않고 예약한 택시를 곧바로 타고 가는 장면을 보면서 기분이 이상했어요. 사람들이 점점 예약 위주로 택시를 이용하게 되면서, 핸드폰 사용이 익숙지 않은 사람들은 원하는 곳에서 택시를 잡아타는 일이 큰 어려움이 되었죠.

키오스크도 마찬가지입니다. 화면에서 작은 글자로 적힌 메뉴를 고르고, 결제 방법을 선택하고, 카드를 넣는 일은 생각보다 쉽지 않아요. 뒤에서 기다리는 사람 눈치도 보이죠. 게다가 휠체어 이용 장애인은 키 높이가 맞지 않아 쓸 수 없고, 시각 장애인은 화면에 나오는 정보를 읽지 못해 쓸 수 없어요. 기차표나 공연 티켓을 예매하고 싶은 노인들은 어렵게 다른 사람들의 도움을 구하기도 합니다. 빠른 속도와 편리를 위해 생겨난 기술이 누군가를 새롭게 배제하는 상황인 거죠.

다행히도 기술이 언제나 사회적 소수자를 소외시키는 것은 아니에요. 청각 장애인을 위해 눈 깜빡임과 눈동자의 움직임만으로 기기가 작동되고, 직접 만지지 않아도 손의 근육 움직임을 인식하여 작동하는 기기도 있어요. 소리 인식 기능을 통해 경보나 초인종, 노크, 아기 울음소리 같은 꼭 필요한 소리를 전달하기도 하죠. 발달 장애인을 위한 인공 지능 기반 학습 앱, 집 안에서 다양한 체험을 할 수 있게 도와주는 증강 현실이나 가상 현실 기술도 나오고 있어요.

회의나 강의 때 나오는 목소리를 실시간으로 인식하여 글자로 바꿔 주는 기술은 청각 장애인에게 무척 편리할 뿐만 아니라, 비장애인도 필기를 대신하는 기능으로 유용하게 쓸 수 있어요. 음성이나 행동 패턴을 인식하는 스마트 홈 기술로 집 안의 조명과 온도, 환기와 잠금장치까지 쉽게 조절할 수도 있고요. 이처럼 장애인과 비장애인, 성별과 나이와 사용 언어 등에 상관없이 누구나 편리하게 쓸 수 있는 제품과 사용 환경을 만드는 일을 유니버설 디자인Universal Design, 즉 모든 사람을 위한 디자인이라고 부릅니다.

빠르게 변화하는 세상에서 모든 법률에 그 변화를 바로바로 반영하기란 쉽지 않아요. 그렇기에 다시 배려의 문제를 생각할 수밖에 없죠. 아직 법의 영역에 들어오지 않았더라도, 장애인과 어린이, 노인 등 사회적 소수자의 권리를 보장하는 것이 배려보다 상식이 되면 어떨까요. 나를 희생하여 누군가를 돕는다는 개념이 아니라, 더불어 살아가기 위해 마땅히 지켜야 할 사회적 약속으로 말입니다.

9

부담스러운 난민, 꼭 받아야 할까?

변호사가 되고 얼마 지나지 않아 난민 사건을 맡았어요. 아프리카 중부에 있는 경제 대국 나이지리아에서 온 사람이었습니다. 처음 상담을 맡으면서도 이분이 왜 한국에서 살아가려 하는지 잘 이해가 되지 않았어요. 나이지리아와 한국은 상당히 멀리 떨어져 있을뿐더러, 언어나 문화가 너무 달랐기 때문이죠. 게다가 한국은 경제 협력 개발 기구(OECD)에 가입한 경제 선진국 가운데 난민을 인정하는 비율이 가장 낮았습니다. 그에게 어떻게 한국에 오게 되었는지 묻자, 뜻밖의 대답을 내놓았습니다.

"저도 한국이라는 나라가 있는 줄 몰랐어요."

그가 태어나고 자란 나이지리아의 한 시골 마을에서는 제사장이 죽으면 그 뒤를 이을 새로운 제사장을 지목하는 오랜 관습이 여전히 유지되고 있다고 해요. 자신은 이미 결혼해 아이를 낳고 평범하게 살고 있었는데, 어느 날 갑자기 제사장으로 뽑혀 평생 혼자 살면서 다른 직업도 가질 수 없는 상황이 되었답니다.

심지어 이분의 종교와 그 마을의 제사는 아무런 상관도 없었는데 말이죠. 제사장이 되길 거부하자 마을 사람들은 그와 가족을 위협했고, 결국 목숨이 위태로운 상황에서 가장 빨리 갈 수 있는 나라를 찾아 한국으로 오게 되었다고 했어요.

이처럼 부득이한 사정으로 본래 살던 곳에서 안전하게 살 수 없다고 느껴 다른 나라나 지역으로 떠나와 사는 사람들을 난민이라고 해요. 나라에 전쟁이 일어났거나, 심한 인권 침해를 당했거나, 자연재해로 더는 그곳에서 살 수 없을 때, 다른 나라로 이주하여 그곳의 구성원으로 살게 되는 사람들입니다.

한국에도 일제 강점기에 수많은 사람이 나라 밖으로 삶의 터전을 옮겼던 역사가 있습니다. 6.25 전쟁으로 전 국토가 초토화되었을 때는 온 국민이 난민이나 마찬가지인 상태였고, 이때 유엔에서는 한국 재건단을 파견하여 폐허가 된 국토를 되살리도록 지원하고 수백만 명의 이재민과 실향민을 도왔습니다.

난민으로 인정받으려면 조건을 갖추어야 한다고?

오늘날에도 끊임없이 벌어지는 나라와 나라 사이의 전쟁으로, 또는 같은 나라 안에서의 갈등으로 삶의 터전을 옮기고자 하는 사람들이 많아요. 난민 문제는 어느 나라가 단독으로 해결할 수 없고 여러 나라의 협력이 중요하므로, 유엔에서는 1951년에 '난민의 지위에 관한 협약'을 채택하여 난민을 보호하고 있어요. 난민 협약은 국적이나 인종, 종교, 특정 신분이나 정치적 견해에 상관없이 안전하게 살 수 있는 권리를 보장합니다. 난민을 함부로 내쫓거나 원래 살던 나라에 강제로 돌려보내는 것을 금지하지요.

다만 스스로 난민이라고 주장한다고 해서 모두가 난민으로 인정되는 것은 아닙니다. 난민 협약에서는 난민으로 인정할 수 있는 몇 가지 자격 조건을 정하고 있는데요. 일단 원래 살던 곳에서 생명이나 신체의 위협, 인권 침해 등과 같은 국제적 보호가 필요한 상황에 처해 있어야 합니다. 원래 살던 곳을 떠나 다른 나라로 이동한 상태여야 하고요.

만약 원래 살던 곳에 남아 있는 경우, 안전이 보장되지 않는다고 보일 정도의 정당한 두려움을 가지고 있어야 해요. 이런 조건을 모두 갖추었더라도 바로 난민이 되는 건 아닙니다. 새로 이주해 간 나라에 난민으로 인정해 달라고 신청한 뒤, 혹시 신청이 받아들여지지 않는다면 소송을 통해 법원의 난민 인정 판결을 받아야 하죠.

나이지리아에서 온 그분은 어떻게 되었냐고요? 안타깝게도 난민 신청이 받아들여지지 않아 저와 함께 소송을 진행했어요. 1심에서는 난민으로 인정되었지만, 항소심에서 패소하여 더는 한국에 머무를 수 없게 되었습니다. 원고의 주장을 믿을 수 없다는 이유에서였죠. 결국 그는 가족들과 기약 없는 헤어짐을 견디며 다른 나라로 떠났고, 그 모습을 지켜보며 제 마음도 무척 아팠습니다.

다른 문화를 이해할 수 있는 좋은 기회라고?

2018년에 500명에 가까운 예멘 사람들이 제주도에 들어와 난민 지위를 신청한 일로 나라가 떠들썩했던 일이 있었죠. 난민을 받아 주자는 의견과 그러면 안 된다는 의견이 팽팽하게 대립했어요. 난민 수용을 반대하는 의견의 근거로 외국인이 많아지면 범죄가 늘어난다는 주장이 자주 나옵니다.

하지만 통계를 살펴보면 편견에 불과하다는 것을 쉽게 알 수 있어요. 매년 발표되는 경찰청 범죄 통계와 대검찰청 검찰 연감을 보면, 전체 범죄자 중에서 외국인이 차지하는 비율은 2%

정도입니다. 범죄자 검거 지수를 살펴봐도 외국인 범죄자는 내국인 범죄자의 절반 정도에 불과하고요.

그저 태어난 나라가 다르다는 이유로 '범죄를 저지를 것'이라고 색안경을 끼고 볼 필요는 없습니다. 난민에 대한 차별과 무시는 범죄의 위험성을 높일 뿐이죠. 이런 편견을 없애는 것이 안전한 사회를 만들기 위해서 더 필요한 일이지 않을까요.

최근에는 제주도에 온 예멘 출신 난민들, 그리고 울산에 온 아프간 출신 난민들이 뜨거운 논란과 갈등을 이겨 내고 지역 사회에 정착한 이야기들도 들려옵니다. 문화적 차이가 큰 사람들이 집단으로 들어올 때, 처음에는 낯설고 두려울 수 있어요. 하지만 결국 사람의 삶이라는 것은 어찌 보면 큰 차이가 없습니다.

아프간 난민들을 적극적으로 받아들이고자 노력한 고(故) 노옥희 울산 교육감은 "이슬람이 전 세계 4분의 1에 해당하는 거대한 문화권인데, 그 문화에 관해 공부할 수 있는 좋은 기회 아닙니까?"라며 사람들을 설득하기도 했지요. 익숙한 삶의 터전을 버리고 용기를 내어 낯선 땅에 온 이들을 나와 다른 사람이라고 선 긋기보다는, 새로 이사 온 이웃이나 전학 온 친구처럼 여기며 환대하는 사회가 어서 오길 꿈꿔 봅니다.

10

미등록 이주 아동이
학교에 가는 건 불법 아닌가?

있지만 없는 아이들, 미등록 이주 아동

2024년 초겨울, 너무도 마음 아픈 죽음이 있었습니다. 32살 강태완 씨는 공장에서 일하다가 끼임 사고, 즉 중대 산업 재해로 목숨을 잃었어요. 세상에 안타깝지 않은 죽음은 없지만, 강태완 씨가 몽골에서 5살 때 한국에 온 미등록 이주 아동 출신으로 밝혀지면서 더 큰 비극으로 와닿았지요.

미등록 이주 아동, 말이 좀 어렵게 느껴지나요? 말 그대로 태어난 곳이 아닌 다른 나라로 이주해서 사는 어린이 중에 국가 기관에 등록되지 않은 어린이라는 뜻인데요. 더 쉽게 나누어 설명해 볼게요. 이주 아동이란 아동이나 그 부모가 태어난 곳이 아닌 다른 곳에 머물러 사는 아동을 말해요. 그중 미등록 이주 아동은 그 나라에서 정한 합법적인 자격 없이 머무르는 외국인 아동을 뜻하죠.

한국에서는 외국인을 등록해서 관리하고 있는데, 미등록 이주 아동은 여러 이유로 외국인 등록을 받지 못해 투명 인간처럼 살아가야 해요. 부모가 원래 외국인 등록을 받아 한국에 왔지만 정해진 체류 기간을 넘겨 미등록 상태가 되었거나, 또는 미등록 외국인인 부모가 아이를 낳아 출생 등록조차 하지 못한 경우

등에 미등록 이주 아동이 생겨나요.

    은유 작가가 미등록 이주 아동에 관해 쓴 책(창비, 2021) 제목처럼, 우리 사회에 있지만 없는 아이들의 수가 얼마나 될까요? 사실 공식적인 통계는 없습니다. 이주민에 대한 포괄적인 통계 작업이 없기도 하거니와, 때때로 이주민 관련 통계가 나와도 이 통계의 바탕이 되는 자료들이 서로 달라서 다소 혼란스럽기까지 하죠. 다만 민간단체에서 추측하기로는 거의 2만 명 이상 된다고 해요. 절대 적지 않은 수입니다.

주민 등록 번호도 없는데 어떻게 학교에 가지?

    미등록 이주 아동이 어떤 삶을 살아가는지 가상의 인물 7살 나판을 통해 알아볼까요. 한국에서 태어난 나판은 엄마와 아빠 모두 외국인입니다. 두 사람은 어느 지방 자치 단체의 외국인 노동자 유치 사업을 통해 한국에 왔다가 만나게 되었어요. 합법적인 체류 자격을 가지고 일을 시작했지만, 한국에서의 생활은 쉽지 않았습니다. 약속했던 월급의 절반 가까이 수수료라며 빼앗

기고, 집이라 부르기에도 어려운 곳에서 잠을 자고, 맛도 영양도 없는 밥을 먹으며, 무시와 모욕을 당해도 그 누구에게도 도움을 요청할 수 없었지요.

그러다 나판의 엄마가 아기를 가졌는데, 농장 주인은 일에 방해가 된다며 아기를 없애라고까지 요구합니다. 두 사람은 더 나은 삶을 위해 일하던 곳을 몰래 빠져나와 도망쳤습니다. 엄마가 나판을 낳은 뒤 아빠는 위험한 일터에서 한국 사람보다 훨씬 더 적은 돈을 받아 가며 쉬지 않고 일하죠.

나판은 다행히 이주 아동을 받아 주는 교회 운영 어린이집에 다니며 한글도 배우고 친구도 사귑니다. 하지만 주민 등록 번호도 갖지 못한 나판이 초등학교에 갈 수 있을까요? 건강 보험도 가입할 수 없는데, 아플 때 병원에 가서 제대로 치료는 받을 수 있을까요?

이 같은 고민이 한국에만 있었던 게 아닙니다. 미국 사회도 이미 한참 전에 국가에서 운영하고 관리하는 공교육에 미등록 이주 아동을 포함할지 큰 고민에 빠졌어요. 그러던 중 1982년 텍사스주에서 "학교 교육을 받기 위해서는 학교에 출석하는 학생이 미국 시민이거나 합법적인 이민자여야 한다."라는 내용으로 교육법을 바꾸려 하자, 연방 대법원이 판결을 통해 그런 법은 헌법에 위반된다는 판결을 내렸어요. 교육권은 모든 아동이 평등하게 누려야 하는 기본권이 맞다면서요.

미국은 이민자의 나라이기에 그럴 수 있겠지만, 한국은 다르지 않냐고요? 미국이 이런 결정을 한 이유는 단지 이민자의 나라여서만이 아닙니다. 미등록 이주 아동이 공교육을 받는 게 나라에 더 큰 이득이 된다고 보았기 때문이죠. 현재 미국은 미등록 이주 아동에게 일시적으로 머무를 수 있는 자격을 주고, 교육은 물론 사회 보장 서비스에 접근할 수 있도록 하고 있어요.

다른 나라도 마찬가지예요. 캐나다에서는 미등록 이주 아동과 그 가족들을 일정한 직업군에서 일할 수 있는 작업 허가를 통해 체류 자격을 인정해 줍니다. 호주 역시 미등록 이주 아동에 대해 일시적으로 체류 자격을 주고 있지요. 그리고 이 자격을 바탕으로 미등록 이주 아동도 교육받을 권리를 얻게 됩니다.

한국에 살아가는 수많은 미등록 이주 아동을 위해

미등록 이주 아동을 '국민' 또는 '합법 체류자'가 아니라는 이유로 사회에서 소외시킨다면, 아이의 삶에 그 영향은 너무 깊이 미칩니다. 아이가 자라는 데에 꼭 필요한 또래 활동과 학습 활동, 정서적인 성장의 기회가 사라지기 때문이죠.

한국 역시 이주 아동이 학교에 다닐 수 있는 길을 열어 두고 있어요. 체류 자격에 관계없이 이주 아동이라면 초등학교와 중학교에 다닐 수 있어요. 다만 고등학교부터는 교장의 허락을 받아야만 입학할 수 있고, 대학교에 갈 때에는 아무리 한국에서 태어나 한국말밖에 모른디 해도 외국인 유학생처럼 취업 제한이나 강제 출국 조치 같은 엄격한 규칙을 적용받습니다.

한국에서 태어났거나 어릴 적부터 한국에서 살았던 이주 아동은 스스로 한국인이라고 여기며 성장할 수밖에 없습니다. 부모의 조국은 이 아이들에겐 전혀 낯선 언어와 문화의 나라일 뿐이죠. 이주 아동을 외국인 등록 여부만으로 동그라미와 엑스로 구분하는 것이 과연 우리에게 어떤 이득이 될까요?

강태완 씨 역시 한국어만 할 줄 알고 경기도 군포시에서 초·중·고등학교를 졸업한 군포 청년이었어요. 미등록 상태를 벗어나고자 갖은 노력을 했지만 10여 년을 떠돌아야 했고, 마침내 인구 소멸 지역에서 취업한 외국인에게 혜택을 준다는 곳에 가서 일하기 시작했습니다. 영주권을 받고 귀화하여 '진짜' 한국인이 될 희망에 부풀었던 청년은 결국 짧은 삶을 마무리해야 했지요. 강태완 씨가 겪은 일과 같은 비극이 더는 일어나지 않기를, 우리 사회가 미등록 이주 아동의 인권을 함께 살피는 성숙한 사회가 되길 바라요.

11

학생이 무슨 시위냐고?

예전에 광주광역시에 있는 도서관에 갔다가 커다란 기념탑을 보았어요. 광주 학생 항일 운동을 기념하기 위해 세워진 탑이라는데, 학교 때 배웠던 기억이 가물가물해서 자세한 내용을 찾아보았죠. 이 운동은 일제 강점기였던 1929년에 광주 지역 학생들이 차별 교육에 반대하며 시작되었다고 합니다. 중학교와 고등학교에 다니는 학생들의 울분이 담긴 만세 운동은 금세 전국으로 퍼져 나가, 1919년에 있었던 3·1 운동 이후 10년 만에 가장 큰 독립운동으로 기록되었어요.

학생들이 주도한 시위는 이뿐만이 아니에요. 이승만 독재 정권을 무너뜨린 4·19 혁명도 1960년 2월 대구 지역 학생들이 부정 선거를 반대하며 벌인 시위에서 시작되었습니다. 당시 선거를 앞두고 여당과 야당의 대립이 치열했는데, 정부는 대구 사람들이 야당의 선거 유세장으로 가는 것을 막기 위해 학생들에게 일요일에도 학교에 나오라고 강요했어요.

그러자 대구 지역 학생들이 '민주주의를 살리자', '학생을 정치 도구화하지 말라' 같은 구호를 외치며 거리로 나와 시위를 벌였어요. 이후 시위는 서울, 대전, 부산 등 다른 지역으로 널리 퍼졌고, 한국 민주주의 역사에 큰 발자취를 남겼습니다.

지구를 구하러 청소년이 간다!

다른 나라의 경우를 한번 볼까요? 1998년 프랑스에서는 한 교실에서 40명 넘는 학생이 함께 수업받는 것은 수업권 침해라고 주장하며, 무려 50만 명 넘는 고등학생이 거리로 쏟아져 나왔어요. 최근에는 청소년들의 기후 위기 시위도 자주 눈에 띄어요. 여러분도 그레타 툰베리를 잘 아시죠. 2018년 8월, 스웨덴에 사는 15세 청소년 그레타 툰베리는 금요일마다 학교에 가지 않은 채 혼자 스웨덴 국회 앞에서 '기후를 위한 학교 파업' 시위를 벌이기 시작했어요. 툰베리의 시위는 '미래를 위한 금요일'이라는 표어 아래 전 세계로 퍼져 나갔지요.

한국 청소년들도 툰베리 못지않게 기후 위기에 대한 인식을 높이는 시위와 다양한 활동들을 활발히 이어 왔어요. 청소년 기후 행동 회원들은 국가가 기후 위기를 방치하고 있다며 변호사들을 만나 설득하고 함께 헌법 소원을 제기했거든요. 드디어 2024년 8월에 "2031년 이후 국가 온실가스 감축 목표가 없는 현

행법은 헌법에 어긋난다.”라는 헌법 재판소의 결정이 나왔답니다. 국가의 기후 위기 대응이 국민, 특히 여러분 같은 미래 세대의 안전한 삶을 보장하기에 충분하지 않으니, 더 적극적으로 대책을 마련하라는 뜻이지요.

이처럼 어린이와 청소년들도 직접적으로나 간접적으로 자기 삶에 영향을 미치는 모든 문제에 대해 의견을 말할 자유가 있으며, 그런 활동을 적극적으로 펼쳐 나가는 예시가 적지 않아요. 하지만 여전히 어린이와 청소년이 직접 집회나 시위에 참여하는 일은 걸림돌이 많습니다. 이들이 주체가 되는 시위가 드물 뿐만 아니라, 어른과 함께 시위에 오는 것조차 마뜩잖게 보는 시선이 있기 때문이죠.

사회 참여는 어른이 되어서 해도 늦지 않으니 지금은 학업에나 열중하라고 이야기하거나, 유아차를 끌고 침묵시위에 참여한 사람들에게 ‘아동 학대를 하지 말라’고 지적하기도 해요. 일본 후쿠시마 방사능 오염수를 바다에 흘려보내는 일로 국회 간담회를 열어 초등학생 활동가에게 의견을 낼 기회를 줄 때는, 어른들이 정치적 목적으로 아이들을 이용했다는 말이 나오기도 했고요. 바다가 오염되어 해양 생태계가 무너지면 그 피해는 어린이와 청소년이 가장 오랫동안 겪을 텐데 말이지요.

그래도 어린이와 청소년은 공부나 하라고?

어린이와 청소년이 직접 집회나 시위에 참여하는 일을 반대하는 사람들의 주장은 이러합니다. "아이들이 아직 어려 지식이나 판단력이 부족한데, 어른들이 주입한 생각을 마치 자기 생각처럼 말하게 하는 건 건강한 발달을 해친다."라는 것이죠. 또한 "집회에서는 강한 감정이 표출되고 몸싸움 같은 폭력적인 상황도 나타날 수 있으므로 아이들의 안전을 위해 좋지 않다."라고도 말하죠. 하지만 어린이와 청소년들의 시위 참여는 단순히 시위에 갈 수 있는 권리를 말하는 게 아닙니다. 스스로 생각하고 결정하여 행동하는 참여권과 깊이 연결되어 있어요.

유엔 아동 권리 협약에 관해 들어본 적이 있나요? 어린이의 권리를 보호하고 향상하기 위해 1989년에 채택된 국제 협약입니다. 이 협약에는 어린이가 차별당하지 않을 것, 어린이 관련 문제는 어린이의 이익을 최우선으로 고려하여 결정할 것, 어린이의 생존과 발달을 위해 지원할 것, 어린이의 의견을 존중할 것

등의 원칙에 따른 54개의 약속이 담겨 있어요. 그중에 다음과 같은 조항이 있지요.

제12조 당사국 정부는 모든 아동이 자신에게 영향을 미치는 사건에 대해 의견을 말할 권리를 보장하여야 하며, 아동의 견해에 정당한 비중을 두도록 해야 한다.
제13조 모든 아동은 표현의 자유를 지니며, 국경과 관계없이 모든 종류의 정보와 사상을 접하고, 전달한 권리를 가진다.
제15조 모든 아동은 평화로운 결사와 집회의 자유를 가진다.

한국도 1991년에 유엔 아동 권리 협약을 비준하였으므로, 제도를 통해 적극적으로 이 약속을 지켜 가야 해요. 그러니 나이가 어리다는 이유만으로 '학생이 무슨 시위야?'라고 하는 것은 어린이와 청소년을 온전한 참여권의 주체로 인정하지 않는 생각이라 할 수 있겠죠.

어린이와 청소년의 참여권을 존중하는 일은 장차 사회의 건강한 시민으로 자라나는 데 중요한 밑거름이 됩니다. 직접 집회나 시위에 참여하여 사회적 상호 작용을 경험할 수 있고, 서로 의견을 나누고 정보를 교환하는 방법도 자연스레 익힐 수 있어요. 작지만 자신과 관련된 일을 스스로 결정하는 경험을 통해 자기 결정권을 발전시켜 권리 의식을 높일 수도 있고요.

학생 인권 조례를 폐지하거나 학대받는 아동들을 가정에서 분리하는 법안처럼 어린이와 청소년의 삶에 막대한 영향을 미치는 사안을 논의할 때, 정작 이들의 목소리는 들리지 않는 것 같아 안타까워요. 어린이와 청소년의 삶에 깊숙이 관련된 정책만큼은 당사자 단체가 스스로 목소리를 내는 것이 당연하게 받아들여지는 사회가 되기를 꿈꿉니다. 켜켜이 쌓인 존중의 경험들이 미래 사회의 주체로서 평등하고 공정한 사회를 만들 수 있는 밑바탕이 될 것입니다.

12

디지털 발자국을
남기고 싶지 않아!

여러분은 평소에 얼마나 스마트폰을 사용하나요? 수업 시간을 빼고는 온종일 손에서 내려놓지 않는 친구들도 종종 보입니다. 확실히 요즘은 사람들이 두 개의 세상을 살아간다는 느낌이 들기도 해요. 작은 스마트폰 안에는 내 주변의 일상과 전혀 다른 모습으로 살아가는 수많은 사람이 보이고 무한히 넓은 세상이 펼쳐지니까요.

소셜 미디어를 보다 보면 내가 살아가는 일상에서 멋진 모습만 골라 남들에게 '전시'하면서 만족감을 얻는 계정도 자주 만나요. 특히 본인보다 자녀의 모습이 담긴 사진과 영상을 올려서 자랑하는 경우도 꽤 많죠. 아이들이 무척 귀엽고 사랑스럽긴 하지만, 한편으로 이런 생각이 들기도 해요. "저 아이는 자기 사진을 이렇게 많은 사람이 보고 있다는 걸 알고 있을까?"

어린 시절 내 사진과 영상이 세상에 떠돌아다닌다는 것은 어떤 의미일까요? 얼굴 생김새, 몸짓, 목소리와 웃음소리, 감추고 싶은 우스꽝스러운 모습까지도 온라인에 올라가는 순간부터는 누구나 접근할 수 있는 정보가 됩니다. 요즘은 스마트폰이나 컴퓨터 화면을 손쉽게 캡처할 수 있어 사진과 영상 속 내 모습이 다른 사람의 기기 속에 저장되기도 쉬워요.

심지어 딥페이크 기술로 내 얼굴이 전혀 엉뚱한 몸에 진짜처럼 합성되는 것도 전혀 어렵지 않은 일이 되었고요. 내 사진을 조작해서 내가 하지 않은 일을 한 것처럼 꾸민다거나, 사진을 이상하게 합성하여 모욕을 주는 일도 마음만 먹으면 뚝딱 해낼 수 있게 되어 버렸습니다.

상황이 이러하니 온라인에 개인 정보를 올리는 일이 점점 무거운 의미를 가지게 되는 것 같아요. 온라인에 올라오는 콘텐츠가 디지털 기기와 각종 소프트웨어를 통해 저장되고, 복제되고, 널리 전파되는 힘이 있기 때문인데요. 최근에 자녀의 일상 사진을 소셜 미디어에 올려 불특정 다수와 공유하는Share 부모Parent를 일컫는 셰어런트Sharent라는 신조어가 생겼습니다. 아이들의 성장 과정을 사진이나 영상으로 남겨 추억하는 것은 자연스러운 일이지만, 이제는 그걸 누구나 볼 수 있도록 온라인에 게시하는 행동에 대해 문제의식이 생겨난 것이죠.

한국에서 실시된 한 조사에 따르면 최근 3개월 이내에 부모가 소셜 미디어에 아이 사진이나 영상을 올린 적 있느냐는 질문에 80% 이상이 그렇다고 대답했습니다. 그중 자녀의 동의를 받아 올렸다고 답한 사람은 채 절반도 되지 않았다는 것에 한 번 더 놀랐답니다.

잊힐 권리를 위하여!

온라인에 어린이의 정보가 본인 동의 없이 올라갈 경우, 개인 정보 자기 결정권과 초상권 등이 침해됩니다. 무심하게 노출한 정보는 사기 범죄로도 이용될 수 있지요. 호주의 사이버 인권 위원회는 소아 성범죄 사이트에서 발견된 사진 중 절반이 소셜 미디어를 통해 흘러들어 온 것이라고 밝혔습니다. 한국에서도 청소년의 딥페이크 성범죄가 불거지면서 큰 사회 문제로 떠올랐고요. 이런 문제를 둘러싸고 세계 곳곳에서 새롭게 법이 만들어지거나 소송 사건이 발생하고 있어요.

2016년 캐나다에서는 당시 13세였던 소년이 유아 때 자신의 알몸을 온라인 공간에 공개한 부모를 상대로 약 3억 원의 배상금을 요구했다고 해요. 또한 프랑스에서는 부모가 자녀의 동의 없이 소셜 미디어에 사진을 올리면 감옥에 가거나 벌금을 내야 하는 법을 만들었고, 미국 캘리포니아에서는 잊힐 권리를 법으로 정하고, 아동의 개인 정보를 활용해 온라인 공간에서 번 돈은 나중에 어른이 되면 직접 쓸 수 있게 적립하도록 하고 있어요.

잊힐 권리란 온라인에 기록된 개인의 각종 정보에 대해 삭제를 요구하거나 퍼뜨리지 말도록 요구할 권리를 말해요. 과거에 했던 말과 행동에 얽매이거나 구애받지 않고, 자기 삶을 주체적으로 발전시키기 위해서는 잊힐 권리가 제대로 인정되어야 한다는 목소리가 전 세계적으로 높아지고 있지요.

한국에서도 비슷한 논의가 한창입니다. 중앙 행정 기관 중 하나인 개인 정보 보호 위원회는 아동·청소년 개인 정보 보호 가이드라인을 만들어 '디지털 잊힐 권리'에 대한 시범 사업을 진행했어요. 아동·청소년 시기에 온라인 게시물로 개인 정보가 노출된 경우 다른 사람이 검색하지 못하도록 하거나 아예 삭제되도록 지원하는 사업이에요. 장차 셰어런팅 게시물도 지원 대상에 포함될 것이며, 곧 관련된 법도 만들어지지 않을까요.

온라인이라 하더라도 개인적인 공간에 자녀의 사진 몇 장 올리는 것 가지고 너무 예민하게 구는 것이 아니냐, 셰어런트라는 단어가 불편하다고 말하는 사람들도 있어요. 하지만 독일 이동 통신사에서 만든 '엘라의 메시지'라는 캠페인을 접하고, 저는 이런 시대적 변화가 아이들의 미래를 위해서 꼭 필요하다는 생각을 갖게 되었어요.

캠페인은 9살 엘라의 부모가 영화관에 온 장면에서 시작됩니다. 부부 앞 스크린 속에 AI 기술로 성인이 된 모습의 엘라가 등장하며 이렇게 말하죠. "엄마 아빠가 온라인에 공유한 제 사진은 디지털 발자국으로 남아 제 삶을 평생 따라다닐 거예요. 물론 엄마 아빠는 저를 위험에 빠뜨리려 한 게 아니라, 저를 사랑해서 한 행동이란 걸 알아요. 하지만 부탁해요. 엄마 아빠, 제 프라이버시를 보호해 주세요."

여러분은 잊힐 권리에 대해 어떻게 생각하나요? 어른들이 오늘도 무심하게 자녀의 흔적을 온라인상에 남기는 행동에 관해 더 깊이 논의하고 제도를 만들기를, 특히 어린이 당사자들의 목소리를 더 많이 듣고 반영하기를 바랍니다. 여러분도 권리를 제대로 알아야 지킬 수 있으니 부모님과 이 주제로 속마음을 한번 이야기해 보면 어떨까요.

13

범죄를 저지르면 나이에 상관없이
벌을 받아야 하지 않을까?

변호사로 일하면서 범죄 피해를 당한 사람들을 지원하다 보면, 가해자가 미성년자인 경우도 종종 보게 됩니다. 그럴 때는 참 마음이 복잡해지곤 하죠.

19세 미만의 청소년이 범죄를 저질렀을 때는 소년 보호 재판의 대상이 돼요. 먼저 14세 이상 19세 미만의 청소년은 범죄소년으로 분류합니다. 아주 무거운 죄를 저지르면 어른들과 마찬가지로 형사 재판에 넘겨지기도 하지만, 대부분 사건은 가정 법원에 있는 소년 법정으로 가요. 그보다 어린 10세 이상 14세 미만 청소년은 '형사 책임 능력'이 없다고 보아, 범죄 행위를 했어도 처벌을 받지 않는 촉법소년으로 분류합니다.

소년 보호 재판은 사건 진행도 쉽지 않아요. 제가 사건 피해자의 대리인으로 법정에 가려면, 먼저 판사에게 허락을 구해야 해요. 피해자라 해도 무조건 법정에 갈 수 있는 게 아니지요. 이렇게 미리 허락을 구해 출석하지 않으면 가해자가 어떤 벌을 받는지 알 길이 없습니다. 다른 사람은 내보내고 가해자만 법정에 남겨 판결하고, 이후 어떤 결정이 내려졌는지도 피해자에게 알려 주지 않지요.

어때요? 이 이야기를 들으면 많은 사람들이 "말이 돼요? 가해자의 인권은 보호하면서 피해자의 인권은 무시하는 건가요?"라며 분노해요. 최근에는 잔혹한 청소년 범죄 사건이 잇달아 발생하면서, 또한 "촉법소년이니까 괜찮아."라면서 못된 짓을 일삼는 청소년의 사례가 보고되면서, 나이가 어린 가해자라도 강력하게 처벌할 수 있도록 소년법을 바꾸어야 한다는 목소리가 높아지고 있습니다. 죄를 지어도 처벌받지 않는 촉법소년 연령을 낮추자는 이야기도 꾸준히 나오고 있고요.

그러면 정말 소년법을 바꾸어 청소년 범죄자를 더 강하게 처벌하는 것이 답일까요? 실제로 청소년들이 어떤 범죄를 저지르고 있는지 한번 자세히 들여다봅시다.

잘못한 만큼 벌을 받아야 범죄가 줄어들지 않을까?

매년 법원에서 발표하는 '사법 연감'이라는 통계 자료에서 소년 범죄자의 주요 범죄를 보면, 절도와 사기 같은 경제적 범죄가 꽤 높은 비중을 차지한다는 걸 알 수 있어요. 또한 경찰청에서 발표한 최근 5년간의 촉법소년 관련 자료를 보면, 살인·강도·강간·추행·방화 같은 강력 범죄를 저지른 경우는 5% 정도라는 걸 알 수 있죠. 이 5%만 쳐다보면서 법을 바꾼다면 우리 사회는 무엇을 놓치게 될까요?

한 사람의 삶으로 들어가 봅니다. 어느 가난한 집에 아이가 태어났습니다. 아이의 엄마는 간암으로 일찍 세상을 떠났죠. 아빠는 아이가 작은 잘못만 저질러도 심하게 꾸짖고 때렸어요. 아이를 잘 먹이고 입히며 따뜻하게 돌봐 주는 사람은 하나도 없습니다. 학교에서도 이미 문제아로 낙인찍혔고, 아이는 가출을 일삼으며 먹을 것을 훔치고 다닙니다. 그러자 아빠는 아이의 손을 잡고 직접 경찰서에 가서 아이를 소년원으로 보내라고 요구합니다.

아이가 소년원에 들어갔다가 다시 사회로 나왔을 때 그를 품어 줄 곳은 없었어요. 그러자 소년원에서 만난 친구들과 어울리며 점점 더 과감하게 범죄를 저지르고, 어른이 되어서는 도둑질을 하다가 결국 사람을 죽이고 말아요. 이 사람이 누군지 아시나요? 교도소에서 몰래 나와 907일이나 도망을 다니다가 다시 붙잡힌 신창원입니다.

물론 이런 사연이 있으니 범죄를 저질렀어도 이해해 주자는 말은 절대 아닙니다. 다만 이 아이를 따뜻하게 감싸 줄 어른과 이웃이 있었다면 미래가 어떻게 바뀌었을지 한 번쯤 생각해 보자는 것이지요. 성장기의 어린이와 청소년은 여러모로 미숙할 수밖에 없지만, 그만큼 회복 가능성도 높습니다.

따라서 일찌감치 범죄자라고 낙인찍어 사회에서 소외시키기보다는 자아 존중감과 자기 통제력을 높일 수 있도록 제도적으로 돕는다면, 제 몫을 하는 어엿한 사회 구성원으로 자랄 수도 있지요. 아직 성인이 되지 않은 어린이와 청소년에게 조금 다른 법 처리 절차를 만든 이유, 처벌보다 보호 처분을 먼저 적용하자고 약속한 이유가 여기에 있습니다.

청소년이 범죄를 저지르면 어떻게 대응해야 해?

눈앞의 사건만 보면 강력 범죄를 저지른 자는 소년이라 해도 강력히 처벌하는 것이 마땅해 보이죠. 특히 피해자를 생각하면 가해자가 큰 벌을 받아야 피해 감정도 누그러지고 정의가 이루어졌다고 여길 수 있어요. 그런데 그거 아세요? 소년 범죄자가 교화 없이 강력 처벌만 받을 때, 시민으로서 사회에 재통합되기보다 다시 범죄에 빠질 위험성이 커진다는 것을요.

어린 시절 감옥에 다녀온 경험은 정신 건강을 평생 위협하기도 해요. 무엇보다 소년 범죄자의 강력 처벌이 범죄 예방에 뚜렷한 효과를 주기 어렵다는 연구 결과도 적지 않아요. 사회에 범죄가 계속 늘어난다면 그에 대한 추가적인 사회 비용도 들기 마련입니다.

따라서 유엔 아동 권리 협약은 벌을 내릴 때 일정한 나이가 되지 않은 아동과 청소년에게 국가가 형사 처벌을 하지 않도록 권고합니다. 또한 소년 범죄자에 대한 교육과 사회 서비스를 제공하고 가정 환경을 개선해야 한다고 강조하죠. 이를 위해서는 가정에서 아이를 잘 보호할 수 있도록 하는 여러 지원이 필요합니다.

뉴질랜드에서는 소년 범죄자의 재사회화와 교정을 위한 비용을 늘리고 보호 관찰 제도를 촘촘하게 운영한 결과, 소년 범죄자 비율이 눈에 띄게 낮아지는 효과가 나타났다고 합니다. 변화와 성장 가능성이 있는 어린이·청소년에게 필요한 부분을 집중적으로 보완함으로써, 그 효과를 사회 모두가 함께 누리게 된 것이죠.

　저는 오랫동안 여러 사건을 통해 소년 범죄자를 지켜보았는데요. 이들이 자기 잘못을 돌아보는 때는 사회에서 분리되어 무거운 벌을 받을 때가 아니었습니다. 누구에게도 말하지 못했던 아픔과 상처를 이해받고 공감받을 때, 누군가 자신을 진심으로 아끼고 걱정하는 것을 느낄 때, 비로소 조금씩 변화가 시작되었지요. 주로 피해자를 위해 일하는 변호사로 살고 있지만, 소년 범죄자를 무조건 강력히 처벌해야만 한다는 의견에 적극적으로 동의하기 어려운 이유도 바로 여기에 있답니다.

14

성 소수자 인권을 이야기할 때
부딪히는 현실의 벽!

성 중립 화장실, 어떻게 생각해?

2022년, 서울 구로구에 있는 성공회 대학교는 한국 대학 중 처음으로 모두를 위한 화장실을 도입했어요. 전 세계에서 점점 널리 시행되고 있는 성 중립 화장실이 모델인데요. 성별이나 나이, 성 정체성과 성적 지향, 장애 유무와 상관없이 누구나 쓸 수 있는 형태의 화장실을 뜻하지요. 특히 외모에 성별이 뚜렷이 드러나지 않는 사람이나 트랜스젠더 같은 성 소수자들이 편하고 안전하게 사용할 수 있다는 점에서 성별이 나뉜 화장실을 대체할 수 있습니다.

그런데 불과 1년 7개월 만에 한 시민 단체가 모두를 위한 화장실은 성범죄와 성적 수치심을 불러일으킬 수 있다고 주장하며, 개선하거나 없애라는 민원을 넣었다고 해요. 2023년 세계 잼버리 대회가 새만금에서 열릴 때 설치한 성 중립 화장실과 샤워실도 상당한 논란에 휩싸였고요. 성 중립 화장실을 반대하는 이들은 이 화장실이 성폭력이나 불법 촬영 같은 범죄에 이용될 수 있다고 주장해요.

다행히 모두를 위한 화장실을 관리하는 성공회 대학교는 "모두를 위한 화장실은 여성 인권을 포함한 모두의 인권을 높이는 구조로 설계됐다."라고 반박하며 이 화장실을 유지해 가고 있습니다. 모두를 위한 화장실을 비롯한 성 중립 화장실이 성범죄 증가에 영향을 미치지 않는다는 연구 결과도 있고요. 인권 단체와 장애인 단체가 함께 만들어 가는 모두를 위한 화장실 캠페인도 날로 확산해 나가고 있어요. 언젠가는 법과 제도로 정착되는 날이 오지 않을까 기대해 봅니다.

다양성을 인정하자면서 막상 현실에서는…

앞서 살펴본 화장실 문제는 인권의 관점에서는 그리 단순하지 않아요. 성별을 남성과 여성의 이분법적인 관점으로만 받아들일지의 문제, 장애가 있거나 몸이 불편한 상태의 사람도 불편 없이 사용할 수 있는 접근성의 문제 등이 얽혀 있기 때문이죠.

이제는 우리 사회도 성 소수자를 비정상이라고 낙인찍어 괴롭히고 차별하는 게 바람직하지 않다고 널리 동의하는 분위기가 되었다고 보는데요. 하지만 "개인의 선택을 존중한다."라고 하면서도 여전히 실생활에서 이 같은 관념을 적용하자고 하면 끄덕이던 고개를 멈추고 다시 갸우뚱하는 모습을 만납니다. 이런 질문들에 뭐라 답하면 좋을까요?

Q. 성별과 관계없이 서로 사랑하는 사이라면 혼인 신고를 할 수 있을까?

2022년 3월부터 같은 성별끼리도 혼인 신고를 '접수'는 할 수 있게 되었습니다. 그러자 여러 동성 커플이 혼인 신고를 접수했는데, 처리가 모두 거부되었다죠. 한국 민법에서는 표면적으로 동성 간 결혼을 금지하고 있지 않습니다. 이에 서로 사랑하며 함께 가정을 이루어 살길 원한다면 성별과 관계없이 혼인 신고를 통해 법적인 부부가 될 수 있도록 하자는 법이 국회에서 논의되고 있어요.

2024년 7월, 대법원은 동성인 동반자(사실혼 관계에 있는 사람)에게도 국민 건강 보험 피부양자 자격을 인정하는 판결을 내리기도 했답니다. 일종의 가족 역할을 할 수 있도록 인정한 것이지요.

Q. 수술받지 않은 트랜스젠더도 법적인 성별을 바꿀 수 있을까?

주민 등록 번호 뒷자리의 첫 번째 숫자는 성별을 나타냅니다. 그 숫자를 바꾸려면 법원의 결정을 받아야 합니다. 세상에는 신체의 성별이 정신의 성별과 다른 트랜스젠더가 존재해요. 이들이 성별 정정을 받기 위해서는 성 정체성에 맞추어 신체를 바꾸는 '성별 확정 수술'을 잘 마쳤다는 서류를 법원에 제출해야 합니다. 그런데 이 서류를 요구하는 것이 사실상 수술을 강요하는 것이라는 목소리가 나오고 있어요.

2023년 10월에 일본의 대법원은 트랜스젠더 등 '성 정체성 장애'를 가진 사람이 호적상 성별을 바꾸기 위해 생식 능력을 없애는 수술을 받도록 한 특별법이 헌법에 위반된다고 판결했어요. 한국의 대법원도 성별 확정 수술을 요구하는 조건을 없애는 방향으로 법을 검토하기 시작했고요.

Q. 아빠도 여성으로 성별을 바꿀 수 있을까?

한국의 대법원에서는 성별을 바꾸길 원하는 사람도 아직 성인이 되지 않은 자녀가 있다면 성별을 바꿀 수 없다고 보았습니다. 자녀가 큰 충격을 받을 수도 있으니까요. 그러나 2022년 대법원에서는 결혼 생활을 하고 있지 않은 트랜스젠더에게 미성년 자녀가 있다는 이유만으로 성별을 바꾸지 못하도록 하는 것은 옳지 않다는 판단을 내리며 기존의 입장을 바꾸었어요.

이 결정을 통해 결혼하여 자녀를 낳은 후 성 정체성 문제로 이혼했다면, 성별 확정 수술을 받은 남성은 여성으로 성별을 바꿀 수 있게 되었죠. 대법원은 이런 결정을 하면서 다음과 같이 덧붙였습니다. "성전환자 또한 전체 법질서 안에서 가족을 이루는 구성원으로서 동등한 권리와 의무를 부여받아야 하고, 국가는 성전환자의 이러한 권리를 보호해야 한다."

위의 몇 가지 물음에 대해 "남성과 여성이라는 자연의 질서를 무시한다."라며 혀를 끌끌 차는 사람도 적지 않을 거예요. 하지만 자연은 우리의 생각보다 더 많은 다양성을 바탕으로 돌아가며, 그 다양성이 진화의 원동력이 되기도 합니다. 또한 사람이기에 갖는 존엄성은 단순히 생물학적으로만 주어지는 것이 아니라 사회와 문화, 역사와 규범, 전인격적 소통을 통해 생깁니다. "어떤 인간으로 살 것인가?"와 같은 철학적인 질문에 생물학이 완벽한 답을 줄 수는 없기 때문이죠. 아이를 돌보는 사람이 어떤 성별이든, 그 사람의 성 정체성 그대로 사회로부터 존중받으며 안정적으로 아이와 사랑을 주고받는 것이 아이의 입장에서도 더 행복하지 않을까요.

15

이게 오히려 역차별 같은데?

남자만 군대에 가는 건 역차별이야!

여성으로 태어나 자라면서 군인이 되겠다는 생각은 별로 해 본 적이 없었습니다. 그러다 사법 시험에 합격하고 2년간의 사법 연수원 생활을 마친 뒤, 군법무관으로 입대하기로 마음을 먹었어요. 결혼 후 보름 만에 군법무관으로 군대에 가야 했던 남편과 함께 나라를 위해 일하고 싶다는 생각이 들어 어렵게 결심했지요.

그러나 허탈하게도 저는 지원서조차 낼 수 없었습니다. 연수원 성적도 좋았고 체력이나 운동 신경도 최상급이며, 검도 단증과 대회 참가 경력이 있는데도 "한 눈이 없는 시각 장애인은 군대에 입대할 능력이 없다."라는 답변이 돌아왔지요. 예상치 못한 상황에 크게 당황한 기억이 지금도 생생하네요.

종종 인터넷에 떠도는 글을 보다 보면 "여자도 군대에 가라. 남자만 군대에 가는 건 역차별이다." 같은 주장을 만납니다. 역차별이 무엇이냐고요? 사회적 차별을 없애기 위해 만든 적극적인 조치가 오히려 평등과 형평성에 어긋난다는 주장이에요. 그런데 이 말의 속뜻을 가만히 들여다보면 자기 의사와 상관없이 군대에 가야 할 의무를 진 남성들의 억울함이 담겨 있는 듯해요.

2018년 한국 리서치가 발표한 설문 조사에 따르면, "여성은 군인이나 경찰이 되는 데 적합하지 않다."라고 생각하는 집단일수록 "여자도 군대에 가야 한다."라고 답하는 비율이 높다는 흥미로운 사실을 알게 되었어요. 그렇다면 대체 왜 전혀 반대되는 생각이 같은 사람에게 공존하는 걸까요?

남성들만 군대에 갈 의무를 지는 병역법에 대하여 여러 차례 헌법 소원이 있었어요. 헌법 소원이란 기본권을 침해받은 사람이 헌법 재판소에 구제를 요구하는 제도인데요. 병역법에 관한 헌법 소원은 모두 기본권 침해가 아니라는 결정이 났지요. 국회에서도 자주 여성도 군대에 가야 한다는 논의가 있었어요. 이에 대해 국방부 장관은 사회적 합의가 없다는 이유를 들어 명확하게 반대했습니다.

한 가지 눈에 띄는 점은 남성만 군대에 가도록 법을 만든 사람은 여성이 아닌 남성들이라는 사실입니다. 남성이 집 밖에서 위험한 일을 맡으며 가족을 먹여 살리기 위해 노력하는 관습들역시 그러하죠. 우리 사회는 오랫동안 여성은 일할 능력이 없다고 여겼습니다. 따라서 여성들을 군대에 가 나라를 지킬 능력도,

위험한 노동을 할 힘도, 함께 돈을 벌어 가정을 이끌 역량도 없는 존재로 여기며 사회에서 맡는 역할을 상당히 제한해 왔어요. 이런 차별은 결국 불균형과 사각지대를 만들었으며, 여성의 삶뿐만 아니라 남성의 삶도 힘들게 하고 있지요.

여전히 견고하기만 한 유리 천장을 깨려면…

이런 얘기는 전부 과거의 일일 뿐, 지금은 성별과 관계없이 누구나 취업할 기회가 있고 여성들도 대부분 경제 활동에 참여하는데 무슨 소리냐고요? 일면은 맞습니다. 경제 활동을 시작하는 시기에는 여성과 남성의 고용 비율에 별 차이가 없지요. 하지만 결혼하고 아이를 낳는 시기부터 그 차이가 크게 벌어집니다.

고용 노동부의 조사 결과를 보면 한국 여성 임금 노동자의 평균 임금은 남성의 64%에 불과하고, 근속 연수도 짧습니다. 또한 비정규직과 단시간 노동자로 고용된 경우도 여성이 남성보다 훨씬 많아요. 여성이 결정권자나 관리자로서 사회에 참여하는 비율도 아직 매우 낮은 편이고요. 한국 국회 의원 중 여성은 겨우 20% 정도에 불과하고, 기업의 여성 관리직 비율 또한

OECD 가입국 평균의 절반에도 미치지 못합니다.

여성이 사회적 능력을 키우는 데 소홀했기 때문이 아니냐고요? 경력 단절도 본인이 선택한 것이니 어쩔 수 없지 않냐고요? 정말 그런지 한번 살펴봅시다. 제 주변만 보아도 아이가 태어나면 부부 중 한 사람이 직장을 그만두고 살림과 육아를 맡는 경우가 적지 않아요. 두 사람 다 일과 가정을 동시에 챙기느라 아등바등하는 것보다 합리적인 선택처럼 보이죠.

그런데 부부가 같은 시간에 각자의 자리에서 열심히 맡은 바를 해내더라도, 직장에서 일한 쪽은 경력과 평판이 쌓이고 소득이 오르는 반면, 집에서 일한 쪽은 그저 누군가의 남편과 아내, 엄마와 아빠로만 여겨지며 사회적 성취를 포기해야 해요.

그리고 직장보다 가정을 선택하도록 직간접적으로 사회의 압박을 받는 쪽은 대부분 여성이지요. 가정을 선택한 소수의 남성도 경력을 포기한 사람이라는 식의 불필요한 오해를 받기도 하고요. 누구나 사회적 성취를 포기하지 않으면서 살림과 육아를 나누어 맡을 수 있는 세상을 만드는 일에 관심을 가져야 하는 이유입니다.

다시 군대 이야기로 돌아와 보겠습니다. 2023년 헌법 재판소는 또다시 전원 일치로 남성만 군대에 가는 병역법은 성차별이 아니라고 결정했어요. "일반적으로 집단으로서의 남성과 여성은 서로 다른 신체적 능력을 보유하고 있는 점" "징병제가 존재하는 70여 개 나라 중에서 여성에게 병역 의무를 부과하는 나라는 극히 한정된 점" 등의 이유로 그렇게 결정한 것이죠. 그러면서도 "장기적으로는 양성 징병제의 도입 또는 모병제로의 전환에 관한 입법 논의가 사회적 합의 과정을 통해 진지하게 검토되어야 할 것으로 예상된다."라는 단서를 덧붙였습니다.

  군대가 필요 없는 평화로운 세상이 온다면 가장 좋겠지만, 당장 그럴 수 없다면 저는 여성도 남성도 원하는 경우 군대에 가는 평등한 세상을 꿈꿉니다. 여성이라는 이유로 신체적, 정신적, 경제적 능력에 대해 의심받거나 제한당하지 않기를, 남성이라고 무조건 강인한 신체 능력과 폭력적인 분위기에 적응하도록 강요당하지 않기를, 그래서 성차별과 성폭력 걱정 없는 평등한 군대에서 함께 일할 수 있기를 말이죠.

  그런 세상을 앞당기기 위한 특효약은 없을까요? 있습니다. 내 안에 자리한 '여자다움'과 '남자다움'이라는 편견의 벽을 허무는 연습입니다. 성 역할 고정 관념을 걷어 내고 '나다움'을 찾아가려고 노력할 때 평등한 세상을 앞당길 수 있어요.

16

일을 덜 하기 위해
싸워 왔다고?

노동 시간을 지키지 않는 건 불법이야!

직접 집 밖에서 일을 해 돈을 벌어 본 경험이 있나요? 돈을 버는 일은 힘들기도 하지만 성취감도 느낄 수 있죠. 한국에서는 청소년기에 학업에 열중해야 한다는 분위기가 강해서 아르바이트나 직업 체험을 그리 권장하지 않지만, 서구 사회에서는 13세 정도부터 베이비시터 같은 간단한 아르바이트를 하는 경우도 적지 않습니다. 사회적으로 청소년 노동 참여를 점점 더 권장하는 분위기라고 해요.

그런데 청소년이든 성인이든 일하고 싶다고 해서 원하는 때 원하는 시간만큼 일할 수 있는 건 아닙니다. 대한민국 법에 따르면 15세부터 일할 수 있고, 근로 시간도 하루 7시간, 일주일에 35시간을 넘으면 안 됩니다. 13~14세 청소년이 일하고 싶거나 연장 근로, 야간 근로를 하려면 고용 노동부 장관 허가증이 있어야 합니다.

18세를 넘긴 성인은 하루 8시간, 일주일 40시간까지 일할 수 있고, 고용주와 노동자가 합의하면 일주일에 최대 52시간까지 일할 수 있어요. 이렇게 일하는 시간을 정해 놓은 법이 바로 근로 기준법이랍니다.

왜 법에서는 일하는 시간을 제한하고 있을까요? 누구나 마음껏 일할 자유, 더 많이 일해서 더 많은 돈을 벌 자유가 있는 거 아닐까요? 청소년이 어른보다 더 짧게 일해야 하는 이유는 또 뭘까요? 어른이 아니라고 차별하는 걸까요? 그렇지 않습니다. "하루에 몇 시간 이상 일하지 마세요." "임신한 여성, 성장기의 청소년은 더 적게 일하세요." 같은 오늘날의 법률은 수많은 사람의 목숨과 맞바꾸어 만들어졌답니다.

18세기 후반 유럽에서는 산업 혁명이 일어났어요. 사람 손으로 하나하나 작업하던 일을 기계가 대신하면서 대량 생산이 가능하게 되었죠. 기계가 대신 일하니 사람은 좀 쉬어도 될 거 같은데, 오히려 더 많은 물건을 더 빨리 만들고자 어른은 물론 임산부와 아이까지 그야말로 살인적인 노동에 내몰렸지요.

도시 노동자들은 쉼 없이 돌아가는 기계의 속도에 맞추어 잠도 자지 못하고 제대로 먹지도 못한 채 일만 해야 했어요. 그 때문에 사람이 죽거나 다치는 일이 반복되자, 다 같이 지켜야 하는 노동의 기본 원칙과 제한하는 규정이 생겨난 것입니다.

한국에서도 경제가 급속도로 성장하면서 수많은 노동자가 무리한 노동에 시달렸어요. 그러자 1970년에 전태일 열사가 "근

로 기준법을 준수하라"고 외치며 자기 몸을 불살라 온 사회에
노동 문제의 심각성을 일깨웠지요.

24시간 불이 꺼지지 않는 편리한 나라인데…

과연 오늘날에는 모두가 법을 지키며 정해진 시간에 따라
안전하게 일한 다음 집에 돌아와 충분히 휴식을 취하고 있을까
요? 안타깝게도 이런저런 예외를 두어 장시간 일하는 노동자가
아직 꽤 많아요. 경제나 문화 등 여러 가지 면에서 선진국 반열
에 오른 한국이지만, 여전히 세계에서 노동 시간이 가장 긴 나라
중 하나로 손꼽히지요.

그뿐 아니라 야간이나 새벽에 일하는 노동자의 문제도 심각
합니다. 물론 병원이나 경찰서, 소방서, 군대처럼 24시간 운영
해야 하는 곳도 있고, 트럭, 기차, 택시 등을 몰며 사람이나 짐을
옮겨 나르는 사람도 야간 노동을 피하기 어렵긴 해요.

저도 예전에 법률 회사에 다니면서, 저녁 시간에는 아기를
돌보기 위해 새벽 4시에 출근하는 생활을 한 적이 있어요. 그 이
른 시간에 출근하는 사람과 퇴근하는 사람들이 그토록 많은 걸

보고 깜짝 놀랐던 기억이 나네요. 버스 첫차는 콩나물시루처럼 빽빽하고, 지하철도 크게 다르지 않습니다. 꼭 그렇게 많은 사람이 늦은 밤이나 이른 새벽에 일을 해야 할까요?

청소 노동자들은 빌딩에서 일하는 사무직 노동자들이 출근하기 전에, 또는 길거리에 차량과 보행자가 늘어나기 전에, 늦은 밤과 새벽에 사람들의 눈에 띄지 않는 그림자 노동을 하도록 정해져 있는 경우가 많아요. 그런가 하면 새벽 배송이 유행하고 택배 물량도 증가하면서 물류 센터와 택배 노동자들의 야간, 새벽 근무도 크게 늘었어요. 밤에 일하는 것은 이들의 선택이고, 힘든 만큼 임금도 비교적 높다고 하니 문제없다고 그냥 두어도 괜찮은 걸까요?

사람의 몸속에는 생체 리듬을 관리하는 시계가 있어요. 밤 9시가 되면 몸에서 멜라토닌 호르몬이 나와서 잠들 시간임을 알린다고 하지요. 이 생체 리듬에 따라 제때 잠들고 제때 일어나야 건강을 지킬 수 있는데, 밤늦게 일하다 보면 생체 리듬이 깨져 건강을 잃는 경우가 많아요.

이미 2007년에 세계 보건 기구(WHO) 산하의 국제 암 연구

소에서 야간 교대 근무를 발암 가능성이 상당히 높은 2A군으로 분류했을 정도입니다. 실제로 야간 노동자는 주간 노동자보다 고혈압, 당뇨, 비만, 심장 질환 같은 질병에 잘 걸리고, 우울증 같은 정신 질환에 걸릴 가능성이 높다는 연구 결과도 잇따라 보고되고 있죠. 따라서 국제 노동 기구(ILO) 협약에서는 야간 노동자들이 정기적인 검진과 관리를 통해 보호받도록 정해 두었어요. 프랑스나 핀란드 같은 나라에서는 야간 근로를 예외적으로만 허용해요.

한국에서는 18세 미만 청소년에 한해서만 오후 10시부터 오전 6시 사이의 야간 노동과 휴일 근로를 제한하고 있는데, 그조차도 과연 제대로 지켜지고 있는지 의문이에요. 당장 근로 시간을 지키지 않아도 처벌 수위도 낮고 정부의 단속도 거의 없어서 잘 지켜지지 않고 있으니까요.

밤늦은 시간까지 장시간 일하는 노동자가 많으니, 편의점도 음식점도 늦은 시간까지 문을 열고 새벽 배송이 인기를 끌어요. 야간 운영 상점이나 새벽 배송을 운영하기 위해 더 많은 사람이 한밤중과 새벽에 일을 합니다. 24시간 불이 꺼지지 않는 우리 사회가 과연 편리하기만 한지, 사회 구성원들의 건강은 잘 지켜지고 있는지 한 번쯤 돌아보았으면 좋겠어요.

17

어리다고 일한 대가를 적게 준다니!

나중에 어디에 취업할지 생각해 보았나요? 큰 회사에 들어가서 고액의 연봉을 받으면 좋겠지만, 상황에 따라 낮은 임금을 받는 회사에 들어가게 될 수도 있겠죠. 정식으로 취업을 하기 전에 단기 아르바이트나 직업 체험을 할 수도 있을 테고요. 이때 앞 장에서 이야기한 노동 시간 규정과 함께 확실히 알아 두어야 할 가장 중요한 제도 중 하나가 바로 최저 임금제입니다.

최저 임금제는 일하는 사람이 최소한 어느 수준 이상의 임금을 받아서 최저 생계비를 보장받도록, 법으로 정하여 고용주에게 강제하는 제도예요. 매년 근로자, 사용자, 공익 대표가 모인 최저 임금 위원회가 열려 최저 시급이 결정되죠. 모든 고용주는 거의 예외 없이 이 기준을 지켜야 하고, 그러지 않으면 처벌을 받아요.

혹시 청소년은 최저 임금도 더 낮은 것 아니냐고요? 일한 경력이 거의 없어 일을 배워야 하는 신입 근로자라면 최저 임금을 요구할 수 없는 것 아니냐고요? 전혀 그렇지 않습니다. 어리거나 경력이 부족하다는 이유로 최저 임금보다 적게 주면 안 돼요.

만약에 "넌 아직 어리고 일도 서투르니 어른들만큼 줄 순 없어. 괜찮지?" 하면서 대충 넘어가려는 사장님이 있다면, "최저 임금은 나이에 상관없이 모든 사람에게 똑같이 적용된다고 법으로 정해져 있습니다."라고 당당하게 대답하면 됩니다.

현재 한국에는 노동자의 권리 보호를 위해 기업이 지켜야 할 여러 규정이 5인 이상 사업장, 30인 이상 사업장 등 규모가 어느 정도 갖춰진 곳에만 강제되는 경우가 많아요. 그래도 최저 임금제만은 한 명이라도 고용된 모든 사업장에 적용됩니다.

예외는 딱 두 가지가 있어요. 같은 집에 사는 가족과 친척끼리 운영하는 사업장에서 일하는 경우, 그리고 요리나 청소 같은 집안일을 맡아 주는 노동자, 즉 가사 사용인의 경우입니다. 가사 사용인은 고용주와 사적인 관계를 맺는 사람들이라는 이유로 예외를 두었던 것인데, 요즘은 이들도 가사 근로자법에 따라 최저 임금을 적용받기도 해요.

최저 임금은 말 그대로 '가장 낮은' 노동 대가예요. 그보다 더 내리지는 말라고 나라에서 정해 놓은 최하위 기준선이죠. 그러므로 최저 임금제를 핑계로 약속보다 더 적게, 최저 임금에 딱 맞춰 돈을 주어서도 안 됩니다. 면접에서 더 많은 돈을 주기로 약속하고 막상 일을 시작하고 나니 최저 임금만 주겠다고 말을 바꾸는 것은 법을 어기는 일이에요.

최저 임금제도 오랜 싸움을 통해 얻어 낸 권리라고?

최저 임금제 같은 제도는 어느 날 하늘에서 뚝 떨어진 게 아니에요. 이윤을 최대한 많이 남기고 싶어 하는 고용주들이 알아서 이런 규칙을 만들었을 리도 없고, 한두 사람이 목소리를 낸다고 해서 되는 일도 아니었지요.

다시 18세기 유럽의 산업 혁명 시대로 거슬러 올라가 봅시다. 앞 장에서 이야기했듯이 열악한 노동 조건으로 죽거나 다치는 사고가 늘어나자, 노동자들은 자신의 권리를 바로잡고 보호하기 위해 힘을 모으기 시작했어요. 그러자 노동자들이 모임을 만들어 함께 싸울 권리를 보장하는 법이 만들어졌고, 노동조합처럼 노동자의 권리를 대표하는 단체가 점점 늘어났지요. 유럽 여러 나라에 노동자 단체가 많아지면서 동시다발적으로 대규모의 노동 운동도 일어나고, 각 사업장에서는 사업주와 노동자 단체가 노동 조건을 협상하는 경우가 많아졌습니다.

이런 노력들이 모여 1919년에는 국제 노동 기구가 만들어졌어요. 지금은 유엔 산하 기구인 이 조직에서는 전 세계 국가들이 함께 지켜야 할 노동 기준을 만들고, 노동자의 권리를 보호하며 지원하는 일을 해 왔지요. 바로 이 조직에서 1928년에 최저 임금 결정 기구의 창설에 관한 조약을 만든 것이, 그동안 일부 지역에서만 시행되던 최저 임금제가 전 세계로 퍼져 나가는 계기가 되었어요.

한편 한국은 일제 강점기와 6·25 전쟁 이후 경제 성장기를 거치면서 위와 같은 세계적인 흐름에서 비켜나 있었어요. 하지만 노동자들의 권리를 찾으려는 목소리가 꾸준히 이어지면서 드디어 1986년에 최저 임금법이 만들어졌지요. 이 법이 생긴 지 약 40년이 흘렀지만, 안타깝게도 여전히 최소한의 대우도 받지 못한 채 일하는 노동자들이 많아요.

여전히 최저 임금법의 보호를 받지 못하는 사람들이 있다니!

근로 계약서 얘기를 꺼내면 인상부터 쓰는 사장, 일한 대가를 주지 않거나 늦게 주는 가게, 일하다 다쳤는데 다친 사람 실

수라며 치료비 한 푼 주지 않는 회사, 직원에게 욕설과 폭언, 성희롱을 일삼는 임원, 4대 보험 가입이나 휴일 및 야간 근로 수당을 요구하지 못하는 노동자……. 세계적인 선진국으로 자리 잡은 한국에 아직도 이런 일이 있느냐고 깜짝 놀라는 사람도 있겠지만, 실제로 21세기 대한민국에서 날마다 일어나는 일이에요.

피해자마다 각자 처한 상황이 있으니 왜 당하고만 사느냐고, 더 적극적으로 항의하거나 고용 노동부에 신고하라고 무심히 말하기는 어려울 것 같습니다. 다만 이 책을 읽는 여러분이 노동자의 마땅한 권리에 관해 조금 더 관심을 갖기를 바랄 뿐입니다.

당장 깊은 지식이 필요한 것은 아니에요. 일을 하다가 뭔가 의문스럽거나 부당하다는 생각이 들면 잠시 시간을 내어 믿을 만한 사람과 이야기를 나눠 보아도 좋아요. 주변에 상의할 만한 사람이 없다면 청소년·청년 근로 권익 센터(1644-3119) 같은 곳을 이용해 보아도 좋고요. 전화가 아닌 문자로도 가능하고, 꼭 신고하지 않고 상담만 해도 괜찮습니다. 노동자들의 권리를 보장하는 법 제도가 만들어진 것도 서로 조곤조곤 나누던 바로 그 작은 이야기들에서 비롯되었다는 걸 잊지 마세요!

18

뭐든 공평한 게
좋은 거 아닐까?

몇 해 전 부천 만화 축제에서 어느 중학생이 그린 풍자만화가 화제가 된 적이 있어요. 제목은 '아빠 찬스'였습니다. 아이 네 명이 맨 위에 있는 유명한 대학교 정문을 향해 올라가고 있습니다. 명문대에 들어가려고 애쓰는 모습을, 줄을 타고 힘겹게 올라가는 이미지로 표현했지요.

그림에서 맨 왼쪽 아이는 맨땅에서 시작해서 혼자 줄을 잡고 오릅니다. 두 번째 아이는 육체노동자로 보이는, 엎드린 아빠의 등을 딛고 조금 더 위에서 출발합니다. 세 번째 아이는 그보다 더 위에서, 사무직 노동자로 보이는 아빠의 머리 높이에서 출발하고요. 네 번째 아이는 어떻게 그려졌을까요? 고급 양복을 입은 사장님 같은 커다란 아빠가 번쩍 들어 올린 팔 위에서 시작해, 줄을 잡고 올라갈 필요도 없이 팔만 뻗으면 쉽게 명문대에 닿습니다. 과연 이 그림을 그린 중학생이 말하고 싶었던 건 무엇이었을까요?

어떤 사람들은 오늘날 세상이 근대 이전의 신분제 사회와 달리 모든 사람에게 똑같은 기회를 주기 때문에, 꾸준히 성실하게 노력하면 성공할 수 있다는 믿음을 갖고 있습니다. 그래서 어떤 집안에서 태어났든지 상관없이 자기 자리에서 열심히 노력하면 부자도 될 수 있고 꿈을 이룰 수 있다고 말합니다. 그러지 못하고 자기 출신 배경만 탓하는 사람은 충분히 노력하지 않은 사람으로 여기고요.

이미 세상은 기회가 충분히 평등한 게 아니라고?

실제로 그런 생각이 맞는지 한번 차근차근 짚어 봅시다. 가상의 인물인 민수와 민철이는 같은 날에 태어났습니다. 민수는 집안 형편이 넉넉해 넓고 깨끗한 집에 살면서 항상 풍족한 생활을 누려요. 민수네 부모는 민수를 위해서라면 기꺼이 돈을 쓸 여유도 있고 어떤 지원도 아끼지 않았고요. 민수는 수업료가 비싼 사립 학교에서 오로지 학교생활에만 집중하고, 이따금 해외여행, 운동, 악기 연주 등으로 스트레스를 풀기도 하지요.

한편 민철이는 비좁은 다세대 주택에서 가족들과 다닥다닥 붙어 생활합니다. 부모님은 건강이 좋지 못해 비정규직 일자리에서 드문드문 일하다 보니 늘 형편이 어렵죠. 민철이는 사교육

은커녕 학교 공부도 집중하기가 어려운 상황이에요. 원하는 게 있어도 포기하는 일이 반복되고, 고등학생이 되면서는 늘 아르바이트로 용돈을 벌다 보니 더욱 학업에 집중하기 힘들고요.

시간이 흐를수록 민수와 민철이의 차이는 점점 더 벌어집니다. 민수는 우수한 성적으로 학교를 졸업하고 부모가 소개해 준 큰 사업체에서 일할 기회를 얻어요. 민철이는 졸업한 뒤에도 아픈 부모를 돌보면서 틈틈이 일하느라 일정한 직업을 얻지 못하고, 아르바이트를 전전하면서 불투명한 미래를 불안해하죠.

민수와 민철이는 똑같이 부모가 있고, 학교에 다닐 기회도 공평하게 누렸기 때문에, 겉으로는 차별받거나 기회를 박탈당하지 않은 것처럼 보일 수 있어요. 하지만 과연 두 사람이 오롯이 공평한 기회를 제공받았다고 말할 수 있을까요? 기회를 제공하는 배경의 차이로 하루하루 지날수록 두 사람의 인생 방향이 이렇게 달라지는데 말이지요.

이 예시처럼 차별 없이 주어지는 기회라는 개념이 민철이 같은 아이들의 꿈을 빼앗고 의지를 꺾어 버리는 건 아닌지 생각해 볼 필요가 있습니다. 이런 생각은 사회에 널리 퍼진 능력주의를 뒷받침하며 불평등을 더 심화해요. 돈 많은 것도 능력, 외모가 뛰어난 것도 능력, 머리가 좋은 것도 능력이라고 말하면서, 무한 경쟁 사회에서 능력 있는 사람이 더 많이 누리는 것은 당연하다고 여기는 거지요. 그런 분위기에서 민철이 같은 사람들은 점점 패배주의에 젖어 시들어 갈 수밖에 없습니다.

내가 이룬 성취가 온전히 내 노력의 결과가 아니라니!

생각해 보면 삶은 우연과 운으로 만들어지는 부분도 큰 것 같아요. 의사 출신 경제학자로 알려진 김현철 교수는 어느 인터뷰에서 "태어난 나라에 따라 평생 소득의 50% 이상이 결정되고, 부모가 물려 준 DNA가 30% 정도 영향을 미친다. 집중하는 힘조차 유전과 양육 환경에서 나온다. 순수한 내 능력은 제로에 가깝다."라고 주장했어요. 저도 이 말에 상당 부분 동의해요. 우리가 한국에, 그것도 휴전선 아래 남쪽에서 태어난 것은, 그리고 지금 내 부모에게서 태어난 것은 스스로 결정한 것이 전혀 아니에요. 그저 선물처럼 주어진 것입니다.

물론 개인의 노력도 중요하지요. 하지만 지금 자신이 누리는 모든 것을 오로지 스스로 노력해서 얻어 낸 것이라고 굳게 믿다 보면, '나는 능력이 있는 사람이니까 이만큼 대우받아 마땅해.' 같은 생각으로 이어집니다. 그러면서 '저 사람은 내가 열심히 공부할 때 놀았으면서, 나만큼 노력하지도 않고 내가 누리는 것을 똑같이 가지려고 하는 건 공정하지 않아.'라고 생각하게 되지요. 사회적 소수자에게 주어지는 여러 기회가 역차별이며 불공평하다고 여기고요.

저는 부모에게 학대당하고 집을 나와 다른 곳에서 생활하는 아이들을 자주 만납니다. 어려운 환경에서도 밝게 자란 아이들을 보면서 '지금보다 나은 환경에서 건강한 부모를 만나 사랑과 지지를 받고 살았다면 어땠을까?'라는 생각이 들곤 해요.

열악한 환경에 놓인 사람에게 '네가 게으른 탓'이라고 단정하는 능력주의를 걷어 내고, 평범한 일상은 결코 개인의 능력만으로 이루어 낸 게 아니라는 점을 인정하면, 서로 이해하고 보듬는 넉넉한 품이 생겨요. 왜 가난한 사람에게 먼저 일자리를 주는지, 왜 지방에 사는 사람들에게 혜택을 주는지 같은 물음을 해소할 수 있는 첫걸음도 여기에서 시작됩니다.

19

기후 위기가 인권과
무슨 상관이람?

　'어느 계절이 제일 좋아요?'라는 질문에 선뜻 대답하지 못해도 '어느 계절이 제일 싫어요?'라는 질문에는 망설임 없이 대답하는 사람들이 점점 많아지는 것 같아요. 한국은 원래 사계절이 뚜렷한 온대 기후에 속하는데, 최근 몇 년 동안 이상할 정도로 폭염과 폭우가 연달아 나타나며 매해 그 기록을 갈아 치우고 있기 때문이죠. 이러다가 한국의 기후가 아열대 기후로 변하는 게 아니냐는 우려의 목소리도 나오고 있답니다.

　갑작스러운 기후 변화는 이 땅을 살아가는 여러 생명체에게 치명적일 수밖에 없어요. 한국만 해도 끝나지 않는 찜통더위 때문에 평소 즐겨 먹던 채소나 과일의 생산량이 급감하고, 에어컨 없이 견디기 힘든 열대야가 오래도록 이어지면서 전력 수요도 폭증했지요.

　따라서 최근 지구 환경의 변화를 두고 기후 변화를 넘어선 기후 위기, 기후 재난의 시대라고 말합니다. 기후 변화가 전에 없이 빠르게 진행되면서, 사람을 포함한 지구 생명체 전체에 큰 영향을 미칠 정도의 위험이 닥쳤기 때문이지요. 기후 재난은 산업 혁명 이후에 늘어난 대기 중의 온실가스가 가장 큰 원인으로 지목되었어요. 지구 온난화로 인한 폭염, 혹한, 폭우 등 극단적인 기후 현상이 늘어나고, 해수면이 올라가는 등 여러 변화가 나타나고 있어요.

기후 위기는 어제오늘의 일이 아니에요. 지구 환경이 이상하게 변하고 있다는 경고는 수십 년 전부터 있어 왔어요. 1988년에는 기후 변화에 관한 정부 간 협의체(IPCC)라는 유엔 산하 기관이 설립되어 기후 변화가 실제로 일어난다는 과학적 증거를 내놓았고, 1992년에는 유엔 기후 변화 협약(UNFCCC)이 채택되었어요. 그러다가 세계 곳곳에서 극단적인 기후 변화로 발생하는 재난이 늘고, 관련한 과학 연구 결과도 많아지면서 비로소 기후 위기는 모두가 다 아는 문제가 되었지요.

날씨가 좀 따뜻해진다고, 바닷물이 좀 늘어난다고, 비나 눈이 좀 많이 내린다고, 사는 데 무슨 큰 영향이 있겠냐고요? 놀라지 마세요. 세계 보건 기구(WHO)는 2030년부터 2050년까지 기후 위기로 인한 영양실조나 질병으로 매년 25만 명 이상의 사람들이 사망할 것으로 예측해요. 한 해에 한국에서 태어나는 아기들을 다 합친 숫자보다도 더 많지요.

사계절이 뚜렷했던 한국도 극심해지는 더위와 추위로 몸살을 앓고 있어요. 그러므로 기후와 인권이 어떻게 긴밀하게 연결되는지 이해할 필요가 있겠습니다. 기후 변화에 따라 환경, 경제, 사회 구조가 달라지면서 자연스럽게 인권에도 여러 영향을 미치고 있으니까요.

기후 위기가 인권에 미치는 영향 중 제일 먼저 떠올릴 수 있는 것은 생존권입니다. 자연재해나 극단적인 기후 현상으로 점점 양질의 식량이나 깨끗한 물을 얻기 힘들어지고, 각종 질병과 건강 문제를 발생시키기 때문이죠. IPCC는 보고서를 통해 가뭄, 폭염, 홍수 등으로 작물 수확량에 부정적인 영향을 주고 있다고 밝혔어요.

또한 기후 위기가 원하는 곳에서 살 권리를 침해하기도 합니다. 해수면이 올라가 원래 살던 마을이 바다 아래에 잠기기도 하고, 가뭄이나 폭우가 심해져 더 이상 사람이 살 수 없는 곳으로 변하기도 하죠. 변화된 환경에 고통받다가 결국 삶의 터전을 포기하고 집을 강제로 옮기거나 난민이 되는 경우도 있어요.

유엔 산하 국제 금융 기관인 세계 은행(World Bank)에서는 기후 위기로 살던 곳을 떠나 집을 옮기는 경우가 늘고 있고, 이

때문에 특히 저개발 국가는 경제적, 사회적인 충격을 경험하고 있다는 보고서를 발표했습니다.

제가 눈여겨보는 것은 기후 위기가 사회적 불평등을 더욱 심화시킨다는 점이에요. 방을 어지럽히는 사람이 따로 있고, 치우는 사람이 따로 있을 때 우리는 불공평하다고 느끼죠. 무지막지한 양의 탄소를 내뿜는 기후 위기의 주범은 대체로 잘 사는 나라들이고, 실제 기후 위기의 영향을 직접적으로 받는 곳은 저개발 국가나 소수 민족입니다. 유엔 개발 계획(UNDP)은 기후 위기가 가져오는 재앙이 가장 취약한 지역과 사회 집단에 더 큰 영향을 미친다고 보고했습니다.

이처럼 기후 위기가 인권에 미치는 영향이 크다면, 이대로 가만히 있을 순 없어요. 당장 무엇을 해야 할지 몰라 괜히 마음이 다급해지기도 합니다. 기후 위기를 어떻게 대응할지에 대한 과학적 해답은 의외로 간단해요. 온실가스를 줄이는 것이죠. 태양이나 바람을 이용한 재생 에너지 사용을 늘리고, 숲을 더욱 많이 만들고, 도시 계획과 교통 시스템을 다시 정리하여 갖추는 일이 대표적인 기후 위기의 대응 방법으로 소개되곤 합니다.

문제는 이 방법들이 일상에서 실천하기에 너무 어려운 일처럼 느껴진다는 거예요. 규모가 크고 돈과 노력이 많이 드는 대단한 일처럼 보이니까요. 하지만 그거 아세요? 일상 속 작은 실천으로도 큰 효과를 발휘하는 일들이 있습니다. 불필요한 전등 끄기, 안 쓰는 코드 뽑기, 메일함 자주 비우기 등으로 에너지를 효율적으로 사용하고 버스나 지하철, 자전거, 기차 등 대중교통을 이용해 탄소 배출을 줄일 수도 있어요.

가능한 한 꾸준히 실천하는 것이 가장 좋겠지만, 단 한 번의 노력도 지구는 허투루 여기지 않아요. 사람마다 생김새와 성격이 다르듯 각자의 상황에 따라서 오래 그리고 자주 실천할 방법은 다를 수 있습니다. 본질적으로는 공동체가 함께 기후 재난에 대비할 수 있도록, 그래서 힘이 약한 사람들만 기후 재난의 피해를 고스란히 당하지 않도록 정부와 기업이 앞장서서 구조를 바꿔야 해요. 환경 단체를 후원한다든지, 이 문제에 관심 갖는 정당이나 정치인에게 투표하는 일도 소중한 한 걸음이 될 거예요.

20

개고기나 모피 코트를
선택하는 건 자유 아닌가?

이제부터 개고기를 팔거나 먹으면 불법!

　개 식용 금지법이 2024년 1월 국회를 통과하면서 '개를 먹어도 되는지 아닌지'에 대한 논란은 일단락되었어요. 먹지 않는 것으로 말이죠. 이 법이 생기기 전까지 개를 먹어도 된다고 주장했던 사람들은 "개고기를 먹는 건 전통이다." "반려견과 식용 개를 다르게 취급하면 된다." 같은 이유를 들었습니다.

　또한 개고기 식용을 반대하는 것은 지나치게 서구 중심적인 시각 또는 채식주의자들의 고집에서 나왔다며, "소나 닭은 잘만 먹으면서 개고기도 먹을 수 있지 않느냐." "무슨 고기를 먹는지 각자에게 선택권이 있는데 왜 법으로 금지하느냐."는 주장을 펼쳤죠. 정말 그럴까요?

　인간은 채식과 육식을 두루 하는 잡식성 동물이고, 고기가 가지고 있는 단백질이 생존에 꼭 필요한 사람들도 있어요. 저마다 건강과 생명을 유지하는 데 도움이 되는 식생활을 선택할 수 있고요. 여기서 한 가지 궁금증이 생깁니다. 개고기도 건강을 위해 선택하는 단백질의 한 종류로 볼 수 있을까요? 이 질문은 개 식용을 찬성하는 근거로 종종 등장하던 '개 농장에서 음식물 쓰레기를 대량으로 처리해 주는 장점도 많다'는 말과도 연결해 볼 수 있겠습니다.

먹을 것을 구하기 정말 어렵던 옛날에는 종종 집에서 기르던 개를 잡아먹기도 했습니다. 사람이 먹던 음식을 같이 받아먹는 동물이니 건강에도 좋을 것이라는 인식이 있었기 때문이죠. 그런데 오늘날 개고기를 둘러싼 산업 아래 벌어지는 일들을 보면 이와는 꽤 동떨어진 듯해요. 개고기를 먹어도 된다는 사람이 실제 공급처인 개 농장에 가 본다면 본인의 입으로 들어가는 개들이 얼마나 불결한 환경에서 더러운 쓰레기를 먹으며 사육되는지 알게 될 거예요.

개 농장에서는 역겨운 냄새가 나요. 단순히 똥 냄새가 아닌 부패한 누린내와 같습니다. 그 원인은 개들에게 주는 먹이에 있어요. 식당이나 급식 시설에서 남은 음식물 쓰레기를 받아 개의 먹이로 쓰는데, 그 안에는 이쑤시개나 비닐봉지 같은 일반 쓰레기도 섞여 있다고 해요. 뜬장, 그러니까 배설물을 쉽게 처리하기 위해 바닥에 구멍이 뚫린 철창에 갇힌 개들은 항생제가 마구 섞여 있는 음식물 쓰레기를 먹습니다.

게다가 소고기나 닭고기처럼 축산물 위생 관리법에 따라 단

계마다 검사를 받지도 않아요. 식품 의약품 안전처에서 개고기를 가공, 유통, 판매할 수 있는 식품으로 인정한 적도 없고요. 그러다 보니 처참한 위생 상태와 끔찍한 도살 방법으로 개고기가 식탁에 올라오는 것을 막을 길이 없습니다. 최대한 돈이 안 드는 방식으로 개고기를 얻으려 하기 때문이죠.

건강을 위해 개고기를 먹겠다는 사람들에게 법이 나서서 금지한 이유가 역설적으로 개고기를 먹는 것이 건강에 도움이 되지 않기 때문입니다. 생명이 다른 생명을 무자비하게 대할 때 발생하는 역효과예요.

그렇다면 개도 돼지나 소, 닭 같은 다른 육류처럼 위생 관리를 철저히 하면 되는 것 아니냐고요? 글쎄요. 지나치게 먹을 것이 풍부해지고 영양 부족보다 영양 과잉으로 생긴 질병이 더 흔해진 요즘, 그리고 개를 인간과 가장 가까운 반려동물 또는 가족 구성원으로 여기는 분위기가 널리 퍼진 요즘에 굳이 개고기를 먹기 위해 위생 관리 지침을 만들어야 하는지 고개가 갸우뚱해집니다.

저는 얼마 전 멋진 단어 하나를 배웠습니다. 물살이라는 단어인데요. 흔히 '물고기'라 일컫는 어류를 새롭게 바꾸어 붙인 이름이에요. 생각해 보면 엄연히 물을 터전 삼아 살아가는 생명인데, 인간의 관점에서 그저 식용의 의미로 '물에 사는 고기'라 이름 붙였던 게 미안한 마음이 들더라고요.

비인간동물이라는 단어를 처음 들었을 때도 마찬가지였어요. 인간과 마찬가지로 소중한 생명을 가진 동물인데, 인간이라는 이름으로 동물들을 너무 하대하며 그 생명을 함부로 대해 왔던 게 아닌가 하는 반성이 들었지요.

하지만 안타깝게도 세상에는 여전히 인간에 의해 제 수명대로 살지 못하는 동물들이 많습니다. 아쿠아리움에 있는 고래나 돌고래들이 열악한 환경과 스트레스로 폐사하는 일이 많아요. 그래서 한국에서는 최근 이 문제를 해결하기 위해 법을 바꾸었답니다. 더 이상 고래를 수족관에 들일 수 없도록 말이죠.

이뿐만이 아니에요. 밍크코트 한 벌을 만들기 위해 50마리가 넘는 밍크가 죽임을 당합니다. 털 코트 한 벌에 여우 20마리,

족제비 120마리가 필요하다고 하고요. 딱딱하지 않은 가죽과 털을 얻기 위해 산채로 동물들의 피부를 벗겨 내는 일을 사람들은 '패션'이라 부릅니다. 다행히 최근 패션 산업에서 모피가 퇴장하는 추세이긴 하지만, 여전히 매년 천만 마리 이상의 동물이 털과 가죽 때문에 희생되고 있어요.

아직 동물권이라는 말 자체가 생소하다는 사람도 있을 거예요. 처음 '인권'이라는 말이 나왔을 때도 사람들은 무척 낯설어했답니다. 불과 몇백 년 전만 해도 여성이나 아동, 노예나 장애인에게 권리라는 것을 인정해 주지 않았으니까요. 인간뿐 아니라 자연의 생명들이 각기 존엄하다는 걸 인정할 때, '우리는 생명으로 연결되어 있다'는 치유를 경험할 수 있어요.

개고기를 먹지 않기로 국가에서 법을 정한 이유를 들여다보면서 생명이 생명을 어떻게 대할 것인가에 대한 고민과 그 답을 찾을 수 있지 않을까요? 비인간동물은 인간과 함께 지구에서 공존하며 생태계의 균형을 만들어 가는 존재라는 생각, 어떤 동물이건 적합한 환경에서 각자의 습성에 따라 나고 살다가 죽을 권리가 있다는 생각을 이의 없이 받아들일 수 있는 사회, 여러분도 함께 꿈꾸지 않으실래요?

＊ 이 책에 담긴 질문을 선정하는 데 서울 마포구의 도토리 마을 방과후 어린이와 교사들이
도움을 주었습니다. 단, 개개인의 질문이 아닌 다양한 인권 관련 도서를 읽고 나눈
어린이들의 대화를 참고하여 재구성했습니다.

인권 변호사 김예원의
주머니 쏙! 인권

초판 인쇄 2025년 2월 10일 | 초판 발행 2025년 2월 20일

글 김예원
펴낸이 양정수 | 편집 최현경, 윤수지 | 디자인 추진우 | 마케팅 양준혁, 변수현
펴낸곳 노란상상 | 등록 2010년 1월 8일 (제2010-000027호)
주소 서울시 영등포구 양평로 157, 1703호
전화 02-797-5713(영업부), 02-2654-5713(편집부)
팩스 02-797-5714 | 전자우편 yyjune3@noransangsang.com

ISBN 979-11-93074-68-8 73330

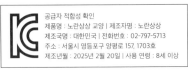

공급자 적합성 확인
제품명 : 노란상상 교양 | 제조자명 : 노란상상
제조국명 : 대한민국 | 전화번호 : 02-797-5713
주소 : 서울시 영등포구 양평로 157, 1703호
제조년월 : 2025년 2월 20일 | 사용 연령 : 8세 이상